# Uplifting Leadership

## How Organizations, Teams, and Communities Raise Performance

# 提升性领导力

## 如何提升组织、团队和团体的绩效

（美）安迪·哈格里夫斯（Andy Hargreaves）
（英）艾伦·鲍伊尔（Alan Boyle） 著
（英）阿尔玛·哈里斯（Alma Harris）

李丹 译

化学工业出版社
·北京·

领导力和绩效是我们目前常常研究和探讨的问题，但究竟领导与绩效之间存在怎样的联系？如何开展实证研究？对于各行各业来讲，如何通过领导力来提升组织绩效？对于这些问题的专项研究还不多。本书的主要特色在于作者是从长达7年的全球研究中得到的原始结果，针对来自商业、体育、教育等行业完全不同的组织，实证研究领导力提升问题，其具有很强的实证性和理论拓展性，相信对于我国企业领导力与组织绩效的研究与实践也会有一定的借鉴意义。本书对于管理专业、经济专业以及经济管理从业者、理论研究人员将大有裨益。

Uplifting Leadership: How Organizations, Teams,and Communities Raise Performance, first edition/by Andy Hargreaves, Alan Boyle, Alma Harris

ISBN 978-1-118-92132-6



北京市版权局著作权合同登记号：01-2015-0144

**图书在版编目（CIP）数据**

提升性领导力：如何提升组织、团队和团体的绩效/（美）安迪·哈格里夫斯（Andy Hargreaves），（英）艾伦·鲍伊尔（Alan Boyle），（英）阿尔玛·哈里斯（Alma Harris）著；李丹译. —北京：化学工业出版社，2018. 10

书名原文：Uplifting Leadership: How Organizations, Teams, and Communities Raise Performance

ISBN 978-7-122-32726-0

Ⅰ. ①提… Ⅱ. ①安…②艾…③阿…④李… Ⅲ. ①领导学-研究 Ⅳ. ①C933

中国版本图书馆CIP数据核字（2018）第168718号

责任编辑：刘立梅　　文字编辑：余纪军

责任校对：秦　姣　　装帧设计：王晓宇

出版发行：化学工业出版社（北京市东城区青年湖南街13号　邮政编码100011）

印　　装：北京新华印刷有限公司

880mm×1230mm　1/32　印张$6^1/_2$　字数145千字　2018年10月北京第1版第1次印刷

购书咨询：010-64518888（传真：010-64519686）

售后服务：010-64518899

网　　址：http://www.cip.com.cn

凡购买本书，如有缺损质量问题，本社销售中心负责调换。

**定　　价：55.00元**

# 作者简介

INTRODUCTION TO THE AUTHOR

安迪·哈格里夫斯（Andy Hargreaves）是美国波士顿学院林奇教育学院（Lynch School of Education）托马斯·莫尔·布雷南讲座教授（Thomas More Brennan Chair）。在此之前，他是安大略教育研究所国际教育变革中心的创始人和负责人。2014年，哈格里夫斯名列美国公共教育政策领域12位最具影响力的学者之一。

安迪已经撰写和编写了25部以上有关领导力和变革方面的著作，其中包括《可持续领导》（与迪安·芬克，威利合作，2006年）和《专业资本》（与迈克·弗兰合著，教师学院出版社，2012年）。其中很多著作都曾获得过国际领导协会、美国图书馆协会、美国教职员发展委员会、美国教育研究协会、美国教师教育院校协会颁发的“杰出著作奖”，且被翻译成多种语言。

安迪受邀在美国、英国、加拿大、新加坡、中国香港、瑞典和日本担任客座教授。他曾获得的奖项中还包括从北欧最古老的大学（乌普萨拉）获得的荣誉博士学位。安迪广泛征询世界各地大型组织及系统的意见和建议，例如世界银行、经济合作与发展组织（OECD），作为主题发言人，他已经在美国44个州，加拿大和澳大利亚的各个州及省区发表过主题演讲，受到了人们的热烈欢迎。

您可关注安迪的推特地址@HargreavesBC。欲了解更多的信息，还可以观看安迪在环球会议TEDx的演讲，主题为提升性领导力，浏览网址为：www.andyhargreaves.com。

艾伦·鲍伊尔是黎安塔教育协会的负责人（Leannta Education Associates），14年前他创办了这家公司。作为一名领导力咨询顾问，他曾为英国及其他国家的教育领导者设计出专业学习法。在过去的12年中，他已经在英国和北美的学校成功推行了合作学习项目。在2006 ~ 2008年艾伦担任纽约市教育部顾问期间，他为城市里的所有学校都设定了质量评审流程。作为一名研究员，他最近正在对2002—2012年10年间纽约、多伦多和伦敦三个城市的系统改革问题展开深入研究。艾伦是一名优秀的咨询顾问和培训师，积极推广欧洲企业质量管理卓越模式（EFQM Excellence Model）——即欧洲版的鲍德里奇国家质量奖。

艾伦最初是一名理科教师，在英国的地方学校工作了20年。在进入学区管理部门之前，他曾在英国国家课程委员会任职，其中有7年担任伦敦一个行政区的首席检察官。他已经出版了很多科学方面的教材，也在期刊和报纸上发表了许多文章，最新合作出版的书籍是《大城市的学校改革：借鉴纽约、多伦多和伦敦的经验》（与迈克·弗兰合著，教师学院出版社，2014年）和《十年间的一场革命：完善收官》（与萨利·汉弗莱斯合著，黎安塔出版社，2012年）。艾伦受邀担任国际领导会议的主持人。1982年他荣获温斯顿·丘吉尔奖学金，详情请访问网站www.leannta.com。

阿尔玛·哈里斯（Alma Harris）博士是马来西亚大学教育领导学院的教授和院长，也是伦敦大学教育学院的前任院长。2012年的12月，她担任威尔士政府的高级政策顾问，协助国家体制改革建设。她的研究工作主要聚集于领导组织变革与转型，因其致力于研究学校革新，尤为强调在极具挑战的情况下改善学校的教育，从而一跃成为国际知名学者。她也撰写了很多有关学校领导力的文章，是研究分布式领导理论的专家。她的著作《学校的分布式领导力：培养未来的领袖》（罗德里奇出版社和福默出版社，2008年）已经被译成了多种语言。她是学校效能与学校改进国际会议的主席，目前担任莫斯科高等经济学院和诺丁汉商学院客座教授。她的最新力作是由科温出版社出版的《分布式领导问题研究》（2013）。

欲了解更多的信息，请关注阿尔玛的推特地址@alma-harrisl，浏览网址为：www. almaharris.co.uk。

# 目录

CONTENTS

# 引言：

## 提升

*对于大多数人来说，最大的危机并不是目标设定太高，无法达到；而是目标设定太低，我们轻易就达成了。*

——米开朗基罗（Michelangelo）

一家大型的跨国公司在历经连续17个季度的亏损后，如何扭亏为盈？一个很小的发展中国家如何在短短一代人的时间里，快速发展成为一个具有世界经济竞争力的国家？如果与其他竞争对手相比，挑选队员的机会极为有限，享有的资源严重不足，那要如何才能组建起一支顶级球队？如何实现以小搏大、白手起家或转败为胜？

面对上述各种未知的挑战和质疑，我们尝试着寻找答案，为此在2007～2012年期间，我们对15家商业、体育和公共教育领域的组织和系统展开了调研。我们试图找到团队在逆境中，甚至是在极度艰难的状况下，还能显著提高绩效的原因。最终，在分析了数百次的采访记录，撰写了数千页的案例报告之后，我们得出了结论，归结为一个词：提升。

在空气动力学中，“提升”是指借助气流、动力机制和机翼设计所产生的一种力量，能够带动大型飞鸟或巨型飞机克服重力，顺利起飞。在群体和组织中，“提升”是一种动力，可以提高绩效、鼓舞士气、培养责任感，以此实现更高的目标，取得非凡的成就。本书围绕“提升”这一概念，探讨其对公司业绩的影响以及实现“提升”的途径。“提升”这个词语极为普通，但却能产生深远的影响。

当我们还是婴儿时，最初会对一些词语做出回应，“向上”一词就是其中之一。当我们听到有人提高了音调，说出这个词语时，我们会抬起眼睛，伸出我们的手臂。在英文中，“up（向上）”是单音节词，包含两个字母。

“向上”表示一种方向，是到达我们梦想中那个地方的方式，指引着我们到达我们的目的地。这是一种本能的引导，当父母把我们举起来，揽入怀中时，我们最先听到的就是这个词语。

“向上”更多表示一个过程，而不是一种状态。如果你认为自己能达成某件事情，那说明你保持着乐观的心态；如果你跌倒后又“重新站了起来”，则意味着你正在不断进步。当想要表达我们正朝着期望状态发展时，我们就可以用“向上”一词——即便当时我们还并未达到期望状态。

当然，“向上”并非都能达成目标，你或许也会遭遇背井离乡、人生剧变或感到心烦意乱。但一般来说，向上求索总好过气馁、退缩。通常来说，如果你正在不断进取、开创新事物或提升自己，那说明你前进的方向是正确的，此时的你肯定比过去更进了一大步。

## 1. 提升的含义

提升有三种含义，即关注情感与精神契约、关注社会与道德公正、改善工作和生活的状态，三种含义相互关联。对此我们将一一进行详细阐述。

## （1）情感与精神的升华

向上攀登是一回事，成功登顶是另一回事，这需要付出努力。能够驱动或支撑我们的力量可以称之为“提升”。撰写了《保持积极的心态（Lift:Becoming a Positive Force in Any Situation）》一书的作者瑞恩（Ryan）和罗伯特·奎因（Robert Quinn）把“提升”描述为“将一个物体从空中向上推的力量。”[1]其灵感源于莱特兄弟（Orville&Wilbur Wright）对早期航空业所做出的开创性贡献。奎因指出：（1903年）莱特兄弟在美国北卡罗来纳州的基蒂霍克实现了第一次万众瞩目的手动飞行。早在之前的1901年，他们就在简易的运载装置外部建造了一个风洞，以此测试机翼的性能，测量在升力和阻力的影响下，风速的变化情况——这是德国一位先驱者奥托·李

[1] 瑞恩·W. 奎因和罗伯特·E. 奎因，《保持积极的心态（Lift:Becoming a Positive Force in Any Situation）》（旧金山：贝瑞特·科勒商务出版社）。在分析所有案例的数据，归纳提升及提升性领导力的整体范畴，并对此予以解释的过程中，我们意识到了广义上提升性领导力或提升的意义所在，但却无法找到与之相关的参考文献，不过我们无意中了解到瑞恩·奎因和罗伯特·奎因所撰写的著作《保持积极的心态》，这对我们帮助极大。毋庸置疑，两位作者从动力学角度解释了作为一种社会心理力量的提升及其运作的意义，让我们受益良多，这种力量能让“我们自己和其他人获得更大的成就、更多的学识、更真挚的情感，不断完善自我。在任何情况下，它都是一种正能量。”两位作者说：“当我们心存这些思想和情感时，我们就会感到兴奋，进而提升我们周围所有人的能力。”我们自身的研究工作与奎因对提升的社会心理学解释产生了共鸣。

本书从三个角度构建和补充了前人的研究框架。首先，基于奎因的个人经验，以及面向领导者和组织的咨询研究成果，还有一些社会心理学专著，我们有了一个涵盖15个高绩效组织详细资料的数据库。基于这些事实依据，我们推断出提升性领导力的本质和影响力。其次，奎因的研究工作倾向于关注目标和个人价值、与他人心灵相通、对革新持开放态度的积极心理学意义。我们也发现提升和提升性领导力有“硬”特质，也有“软”特质，例如坚定的决心、拼搏与奋斗、直面和利用各种阻力、充分利用竞争与合作的动态性变化、把人际交往的经验与真实数据的度量标准和搜索工具相结合。最后，正如稍后我们会谈到的那样，从历史的观点来看，提升也是一种社会力量，它支持少数群体的反抗斗争，例如帮助非洲裔美国人和贫苦阶层克服偏见、清除障碍和反抗压迫。因此，它是一种社会公平的推动力量，可以改善人们的生活，增加人们的阅历，也是一种提升自我和影响人际关系的情感历程。

林塔尔（Otto Lilienthal）[1]在最终导致其殒命的滑翔试验中首次确认的两种力量。莱特兄弟推断：要想成功起飞，就需要综合考虑前进动力、气流、机翼技术和转向控制的导航系统等要素。瑞恩和罗伯特·奎因认为，这两种力量不仅适用于物理现象，也同样适用于个体的改变和组织变革。

通常在人际交往中，我们可以得到情感上或精神上的抚慰。在这个时刻，我们感觉自己“充满了力量”。悬浮力和提升力是佛教、印度教和基督教神学的中心思想。在描写那些克服逆境、经受生存的严酷考验、极富戏剧性地扭转局面的人，或为了他人的利益而牺牲自我的人时，伟大的传说和真实的故事发挥着相同的作用。特雷莎修女（Mother Theresa）把她的一生都奉献给了印度贫民窟里那些穷苦的孩子，纳尔逊·曼德拉（Nelson Mandela）[2]宽恕了那些把他囚禁在罗本岛的敌人，人们从他们身上学到了很多东西。那些有关勇气、谦逊、无私行为的故事会让我们对他人的经历感同身受，也激励着我们为此付出巨大的努力。

积极向上的行为和言辞极具感染力，其产生的效应也极具扩散性，会感染到其他人。当我们实现自我提升时，我们也激励了其他人，反之亦然。我们会由此振奋精神、提升道德境界，并最终超越自我。

实现情感与精神的升华是高效领导力的核心所在，它给人们带来希望，唤起人们的热情，激发人们的智慧和想象力；它鼓励人们再接再厉，改变现状，努力去实现一个更高的目标；在面对那些威胁着要打败他们的反对势力面前，保持坚定的意志和活力。提升性领导力可以让群体中的每个人情绪高涨、心跳加速，努力去争取更大的成就，

---

❶ 奥托·李林塔尔（1848—1896），德国工程师和滑翔飞行家，世界航空先驱者之一，被称为“滑翔机之父”，1896年因驾驶滑翔机失事牺牲。（译者注）

❷ 前南非总统。（译者注）

这是因为我们期待晋升到更高的职位，期待受到周围人的关注。

### （2）社会和团体的提升

“向上”所指的并不仅仅是我们的精神状态，也指权力和地位的提升。如果要开拓高端市场，就要博得高端客户的青睐；如果要推翻压迫性的专制制度，就要发动起义。社会地位和经济地位的提升可能会带来更多的人生机遇和各种可能性。

对于美籍非洲裔人而言，在过去长达150年的时间里，提升理念一直是他们奋斗和进取的动力。[1]马丁·路德·金（Martin Luther King Jr.）[2]告诫我们："一切人类的劳动都是有尊严的、有价值的，应予以勤勉和称颂。"[3]贝拉克·奥巴马（Barack Obama）曾经写过有关他在一所精英学校上学时如何从周围的环境中得到鼓舞的事情。作为美国前总统，他当时竭力想要提升美国国民的素质。[4]提升是一种合力，需要领导者们共同努力，规划好每一个人的未来——尤其是对于那些没什么优势的人。

### （3）提升绩效

提升是一种关乎情感和精神的社会协同力量，这意味着它也具有

---

❶ 在研究美籍非洲裔人心目中提升的理念和战略的历史过程中，凯文·盖恩斯描述了黑人在组建家庭和维系家庭稳定时沿用的自力更生思想如何取代了更为广阔的“提升”愿景，即共同努力争取公民权益和提升物质文明。参见K.K. Gaines, Uplifting the Race: Black Leadership, Politics, and Culture in the Twentieth Century.Chapel Hill: The University of North Carolina Press,1996,6.

❷ 美国黑人运动领袖。（译者注）

❸ www.thekingcenter.org/blog/mlk-quote-week-all-labor-uplifts-humanity-has-dignity-and-importance-and-should-be-undertaken.

❹ 奥巴马总统被夏威夷著名的普纳荷学院（Punahou Academy）录取，并在1979年读完了初中和高中。在他的自传中，奥巴马描述了这段求学经历对于家庭的正面影响。“对于我们的祖父母而言，进入普纳荷学院就意味着成功的开始，意味着家庭地位的提升，所以他们竭力让所有人都知道我被录取了。”参见B. Obama, Dreams from My Father, New York: Three Rivers Press,1995,58.

提升个人绩效和成就的能力。即便是在资源匮乏的情况下，它也能让个体和组织表现得比以往更出色，帮助人们战胜对手，获得最终的胜利。提升能让人们品尝到成功的喜悦，并维系这种状态。要想实现这一目标，就需要借助提升性领导力。

提升性领导力通过影响整个组织及更广泛的群体来实现精神、情感和道德层面的升华，以此提高绩效，其中运用了许多在近些年里商界反复强调的“软”过程或技术。[1]大量的数据资料都表明：要想长期保持高绩效，就需要更多关注价值，而非关注利润。[2]通常而言，为了激发员工对工作的热情，优秀的公司都会鼓励员工展现出最好的一面。[3]当我们发现工作不仅会获得经济回报，还会创造情感价值和社会价值时，就会努力延续这种成功。[4]员工希望他们的公司保有某种重要的信念，做些值得去做的事情，改善人们的生活质量，丰富人生的阅历。[5]

---

❶ 软技术领域的文献最早出现在30年前。例如，博纳德·贝斯认为那些执行力远超预期的组织领导者会明确提出一个令人信服且振奋人心的愿景。为了将绩效提升到一个全新的高度，他们呼吁人们满怀激情地工作，与领导者及其他追随者紧密联系，从而改变他们的习惯和工作方式。参见B. M. Bass, Leadership and Performance Beyond Expectations, New York: Free Press,1985.

❷ 汤姆·彼得斯和鲍勃·沃特曼对43家世界500强企业的负责人展开了专项研究，尤为强调了实现卓越绩效的“软过程”——包括培养人才、有明确和共同的价值观、通过有效的领导寻求创新。参见T.J .Peters and R.H. Waterman, In Search of Excellence: Lessons from America's Best Run Companies, New York: Grand Central,1982.

❸ J. Collins, Good to Great: Why Some Companies Make the Leap…and Others Don’t, New York: HarperCollins, 2001.

❹ R.S. Sisodia, D.B. Wolfe, and J.N. Sheth, Firms of Endearment: How World-class Companies Profit from Passion and Purpose, Upper Saddle River, NJ: Wharton School,2007,4.

❺ C.Arena, Cause for Success:10 Companies That Put Profits Second and Came in First, Novato, CA: New World Library,2004.

I.A. Jackson and J. Nelson, Profits with Principles: Seven strategies for Delivering Value with Values, New York:Currency,Doubleday, 2004.

B.K. Googins, P.H. Mirvis and S.A. Rochlin, Beyond Good Company: Next Generation Corporate Citizenship, New York: Palgrave Macmillan,2007.

J.Mackey and R.Sisodia, Conscious Capitalism: Liberating the Heroic Spirit of Business ,Cambridge, MA: Harvard Business Review Press,2014.

N. M. Pless and T. Maak（Eds.）, Responsible Leadership, Houten, Netherlands: Springer, 2011.

然而，绩效的提高并不只是关注“软过程”，并非只涉及期望、自信、高情商或给予更多支持的问题，也并不意味着追求卓越就应该精于算计、麻木不仁或愤世嫉俗。不过，我们可以确认的是：唯有努力工作才能获得高绩效。对于任何人而言，那些最终倒闭的企业是不会创造出任何社会价值的。要想实现梦想，汗水和灵感缺一不可。

在努力工作的同时，融入“软技术”，这是获得可持续性成功的关键——不仅在商界，在公共服务领域也是如此。公共部门的确提供了一些有关软技术应用方面的最好例证——不必惊讶，或许正是因为这个原因，才会在这些领域脱颖而出一些最优秀的女性领导者。例如，在公共教育领域，那些成功战胜逆境的学校会用宏伟的愿景鼓舞教师和学生，也会对每个人抱有较高的期望。[1]尽管这个领域中的每位领导者都在不懈地付出着努力，但他们知道这绝不能以消耗人力为代价。每个人都为了成绩的提升而承受着巨大的压力，不过学校会为教师们提供各方面的支持，以期培养出最优秀的学生。一个囊括数千所私立学校的教育体系之所以能在激烈的竞争中发挥出巨大作用——这种作用延续了很多年——是因为他们把那些原本没有交集的人们凝聚在一起——伴随着压力与动力、激情与表现力、旺盛的求知欲，还

---

[1] 有关学校克服重重困难，提高学生学业成绩的实例，请参见：

M.Bromberg and C.Theokas, Breaking the Glass Ceiling of Achievement for Low-Income Students and Students of Color, Shattering Expectations Series, Washington, DC: The Education Trust,2013,www.edtrust.org/ high_end_gaps.

R.D.Barr and E.L.Gibson, Building a Culture of Hope: Enriching Schools with Optimism and Opportunity, Bloomington, IN: Solution Tree,2013.

W.H.Parrett and K.M.Budge, Turning High-Poverty Schools into High-Performing Schools, Alexandria,VA:ASCD,2012.

I.Siraj-Blatchford, “Learning in the Home and at School: How Working-Class Children‘Succeed Against the Odds,’” British Educational Research Journal 36, 2010,No.3:463-482.

K.Chenoweth, How It’s Being Done: Urgent Lessons from Unexpected Schools, Cambridge, MA: Harvard Education Press,2009.

有对成功的执着追求。[1]

## 2. 对提升问题的调查研究

随后，我们找到了能够创造持续性高绩效的各种因素，有些因素并不在我们的意料之中，且目前鲜有对“这些看似横跨各个领域的因素是什么”，或“是什么让它们组合在一起”等问题的原始调查。

因此，本书要做的事情是：对横跨四大洲八个国家的，运作于商业、体育、公共教育领域的15个组织展开长达7年的研究，为“提升性领导力”的实践应用方法提供解释和例证。在附录中，我们对书中采用的多种案例研究方法予以了详细描述。

我们最初研究的问题是：“不同类型的组织需要具备什么样的特征，才能获得远超预期的成功和可持续性？”

为此，书中提到的案例均需满足下述两个或两个以上的条件，即：

- 在投资疲软、资源有限，或陷入困境的情况下，仍能以小博大，取得事半功倍的成效；
- 与以往相比，执行力更强；
- 与其他类似的组织或体系相比，执行力更强。

我们集中研究了那些能够以小博大、标新立异，或曾经扭亏为盈的组织和系统。我们也尽可能保证选用的企业案例在对待员工、服务顾客和社会等方面绝无有失德行的行为发生。我们拒绝选用那些毫无环保意识；或为了在竞技比赛中获得胜利，在选手身上投入过多的资源；或在成果统计数据上动手脚的组织案例。

[1] M.Fullan and A.Boyle, Big-City School Reforms: Lessons from New York, Toronto and London, New York: Teachers College Press,2014.

在我们展开调研之前，这些组织的经营状况一直都很不错。不过我们清楚，任何组织都无法永远保持在巅峰状态，即便它们在各自的行业中一直处于领先地位。例如，彼得斯与沃特曼（Peters and Waterman）考察过许多业绩斐然的“优秀”公司，但不久之后它们的业绩就出现了大幅度下滑——其中一些公司下滑速度极快。[1]在《巨人如何倒下》（How The Mighty Fall）一书中，柯林斯（Collins）承认在他以往著作中提到的一些优秀企业都没能存活下来。[2]

我们关注的是企业如何获得持久性成就，而不是永恒的成功。某种程度上来说，多数企业都在过去几年的全球经济危机中遭到过重创，我们选用的商业案例也源自其中的部分企业。研究工作结束后，有几家球队的比赛成绩出现了下滑，但随后他们又迅速重振雄风。尽管公共教育领域中的业绩卓著者因获得的持久性成功而令人印象深刻，但他们还是没能免于遭受所在体制变化的冲击。

本书结合提升和提升性领导力的六项要素，对众多绩效远超预期的企业进行了深入分析。在提升过程中，这些要素相互补充，每个要素都扮演着同等重要的角色。

## 3. 非提升性领导力的做法

在我们介绍提升性领导力的六项要素之前，首先要明确哪些不是提升性领导力的做法。实际上，许多常用的革新方法和转型方式都会把人拖垮，而不是激励他们实现更高的目标。

首先，我们研究过的那些提升性组织及其领导者**不会把他们的目标设定得太高。**例如坐上第一把交椅、联赛上排名榜首，或是为了自身利

❶ Peters and Waterman, In Search of Excellence(成功之路)

❷ J.Collins, How the Mighty Fall, New York:HarperCollins,2009.

益而争当行业先锋，这些都不是他们唯一的目的。他们并不会设定想要到达的高度，也不会把取得名次作为他们的首要目标。有意思的是，学生成绩水平测试排名最高的国家，例如新加坡、芬兰和加拿大等，都没有想过要争当第一，甚至挤进前五名也并非是他们的目标。[1]

其次，提升性组织及其领导者**不会蜂拥效仿其他组织的做法。**他们不会只是沿着其他人走过的道路前进或借鉴他人的战略部署，也不会单纯模仿那些排名靠前的组织的实践做法。实际上，如果你沿着其他人开辟的道路前行，你就不可能比他们获得更大的成功。

第三，提升性组织及其领导者**不会只专注于实现里程碑式的突破**。为了按时、按计划实现里程碑式的突破，他们不仅要设定员工的目标，还要为员工设定关键业绩指标（Key Performance Indicators，KPIs）。没错，关键业绩指标能够帮助团队成员获得高绩效，但在目标不明确、失败后果严重的情况下，在面对关键业绩指标倍感压力时，人们通常就会因为害怕失败而做出违背初衷的事情。在公司运营中，这往往会导致人们忽略长期战略，反而把工作重点放在季度回报上。[2]在教育领域，这往往会导致课程设置死板，孩子们随时都准备着应付各类考试，这实际上并不是在教授他们如何学习。[3]

第四，提升性组织及其领导者**不会为了达到预期目标而挑战极限。**他们不会为了实现预期目标而向下属持续施加压力。他们知道施以过

---

❶ A.Hargreaves and D.Shirley, The Global Fourth Way: The Quest for Educational Excellence, Thousand Oaks,CA:Corwin,2012.

❷ A.Rappaport, The Economics of Short-Term Performance Obsession, Financial Analysts Journal,2005, 3(61):65.

也可参见K.J.Laverty, Managerial Myopia or Systemic Short-Termism?:The Importance of Managerial Systems in Valuing the Long Term, Management Decision, 2004,8(42):949-962.

❸ E.P.Lazear, Speeding, Terrorism and Teaching to the Test, The Quarterly Journal of Economics, 2006,3 (121):1029-1061.A.

Hargreaves and H. Braun, Data Driven Improvement and Accountability, Boulder, CO: National Education Policy Center,2013.

多的、至上而下的压力，和缺乏自下而上的支持一样，不会让人进步，反而会让人束手束脚。

最后，提升性组织及其领导者**不会试图“打败”其他人，以寻求迅速上位。**[1]实际上，那些采用捷径战略的人们会发现他们过快地耗尽了所有的资源，在目标实现之前他们早已筋疲力尽了。

## 4. 提升性领导力

因此，提升性组织及其领导者不会设定太高的目标、急功近利、鼓动人们向上爬、在通往成功的路上设置里程碑，或效仿他人的做法——那么他们会做些什么呢？

研究表明，这些组织及其领导者会充分利用包含6个相关要素在内的提升性领导力，这些要素共同构成了一段奇妙的成功之旅，从中我们能看出人们常说的两种截然不同的领导与管理模式——“柔性”和“硬性”模式，提升性领导力并不规避或尝试消除这种对立关系，而是接受并充分利用它们。

提升性领导力的构建过程需要如下一些要素，如图1所示。

它们构成了本书的研究框架，涉及六章内容，具体为：

- 执着于梦想
- 创造力与逆思维
- 竞争性合作
- 推动力与牵引力
- 有效评估
- 可持续性成功

[1] 实际上，当前美国教育改革战略可称作力争上游。对此坚决持反对意见的一位学者是Diane Ravitch。参见D.Ravitch, Reign of Error: The Hoax of the Privatization Movement and the Danger to America's Public Schools, New York:Knopf,2013.

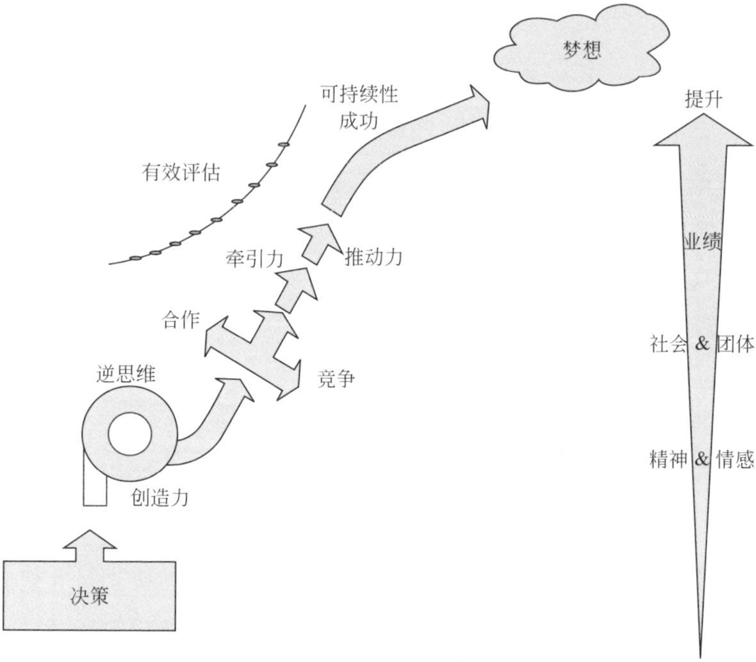


**图1 提升性领导力框架图**

在详细阐述各章内容之前，我们先对每项要素予以简单描述。

### （1）执着于梦想

提升性领导力的旅程首先从设定一个清晰、令人向往的“梦想”和目标开始——这决定着我们如何从最初看似多余或不被看好的情况出发，到最终实现这一目标。这个目标也激发或唤醒了人们的认同感。这个过程需要我们从最初不可想象的、甚至是遭众人非议的起点，向一个遥不可及、不切实际的目的地进发。这场旅程万人瞩目，需要人们为此承担更大的责任——支持乃至拯救他们所在的团队；或创造以往不存在的、更富价值的新事物。为此，人们置身于勇敢的探索之中，人们的感受、经历及以往取得的成就都关系着未来的命运和目标的实现。我们会在后续章节了解到英国零售业巨头玛莎百货（Marks&Spencer）即将上任的CEO曾提醒员工们“公司在产品质量、价格、价值方面已做出的承诺”，同时，这家公司还积极倡导环境的可持续性。这不仅重塑了品牌，也在难以割舍的过去和激动人心的未来之间建立了清晰的联系。

在提升性领导力理念的指引下，人们甘愿为梦想而奋斗。追求梦想需要意志坚定、持之以恒，也需要想象力和灵感，这样才能累积动力，付出的努力才不会白费。要想创造远超预期的佳绩，并保持这种业绩，就要克服重重困难和障碍，甚至要战胜一切反对力量。不过有关失败的回忆和失败的可能性都将是一种动力，鼓励人们不要退缩、不要逃避竞争，而要毅然决然地奋进，一路向前去实现更高的目标。失败并不是命中注定的，更确切地说，它能激发进取心。我们会了解到一些公司的案例，这些公司为了实现超高的绩效水平，必须击败竞争对手——正如全球汽车制造巨头菲亚特汽车就一直面临着这样的挑战。为了在统治者的脚下维护子孙后代的正当权益，你甚至可能需要把对手看得如同终结者一样可怕。但是竞争并不只是一场消灭对手的战斗，而是你所信仰的道德方面的比拼。

### （2）创造力与逆思维

为了达到预期的目标，提升性领导力会另辟蹊径，绝不会遵循最简单的或是最佳的运作模式。在某种程度上来说，创造力的构成要素包括天赋、幻想和对事物各种可能性的大胆猜想。

不过，提升性领导者拥有的创造力非同寻常，他们会冒着招来质疑和成为笑柄的风险逆势而行。提升性领导者能够发现竞争者错失的机会，他们会借助反对力量增强自身优势。他们不会随波逐流，而是会迎着风，迫使风向发生转变。角鲨头啤酒厂（Dogfish Head Craft Brewery）最早在麦芽中加入配料，这种做法在主流啤酒企业中根本行不通，但如今该公司却成为美国最成功的独立酿酒厂之一。在后续章节中，我们会分析其成功的原因，这源于不寻常的配料，也源于在员工之间创建的一种与竞争对手相比，更加“有趣”，也更“酷”的企业文化。

### （3）竞争性合作

提升性领导力有悖常理的一个思路就是要促进现实和潜在竞争者之间的合作与融合。提升性组织中，领导者和员工们都知道竞争与合作并非相互排斥，而是以一种超乎寻常的方式同生共存着。竞争是大多数团队背后的推动力量，在痴迷竞技运动的澳大利亚，竞争尤为激烈。不过，正如本书将要阐述的那样，负责澳大利亚国家级竞技项目——板球比赛的国家机构采纳了哈佛大学和耶鲁大学两位教授的一种经营理念，即为了商业利益，他们要与最大的竞争者建立合作关系；同时，我们还会了解到私立非营利性组织——“学习信任”组织（The Learning Trust）如何将成绩垫底的英国最差学区转变成高水准的优质学区。

### （4）推动力与牵引力

提升性领导力会借助团体的力量推动和带领人们共同完成挑战。获得远超预期的绩效，其秘密就在于团队的伙伴关系上。前进的道路上，团队成员彼此扶持，如果跌倒了，他们会重新爬起来，同时还不忘鼓励那些掉队的同伴。他们还会相互督促，共同前进。团队对所有人都抱有真诚，也会用激励性目标约束每个人。与职业体育组织相比，我们将从盖尔运动协会（Gaelic athletic association，GAA）

案例中更多地了解到组织的团队合作精神——在职业体育组织中，球员飞涨的工资反映了个人的价值，人们不会为了实现彼此的承诺或为了实现更高的目标而放弃追逐个人的荣誉。从一家不同寻常的全球化学品公司中，我们可以了解到：在员工自治模式下，当团队精神退化成集体思维，团队的牵引力变成一种阻力时，组织需要开展哪些工作。

### （5）有效评估

提升性领导力需要指明方向，标明进度情况，以此选择正确的前行路线，明确组织或系统已经做了什么，还有哪些没有做。之前获得的成功会让人们树立信心，这是为了让人们接受更残酷的竞争的一种心理投资。团队成员会看见每道曙光，到达一个个山顶，他们所征服的每一座山峰都会为他们带来希望，让他们乐观地继续未来的旅程。这一切都激励着领导者和他们的团队勇敢地坚持自己的梦想。提升性领导力会基于组织价值观的要求，充分利用数据管理进程、监测进度，同时巧妙地应用数据（这对工作在那里的人们来说意义重大，也是他们所真正拥有的东西。本书将会阐述在线鞋类零售商Shoebuy.com公司中那些“高度重视标准化”的领导者如何巧妙地应用数据）对顾客偏好做出迅速反应；增加顾客的体验价值；授权员工参与现行的网站试验和网站设计活动；开展公司管理层与顾客之间的交互活动。

### （6）可持续性成功

提升性领导力会以雄厚的实力和控制发展速度为前提，确保人们在实现最终目标之前，绝不会白白耗费精力。它会引导那些有着远大抱负的人们获得最初的成功，并确保这种成功具有可持续性。成效不会立竿见影地显现出来，领导者和团队成员必须想尽办法，避免过度损耗精力，过犹不及。尽管开展一项新的工作会让人兴奋不已，但提升性领导者知道更难的是在工作开始之后保持持续推进。一旦最初的革新浪潮过后，提升性组织及其领导者就不用再考虑可持续性问题了，因为他们从一开始就为此做好了计划和准备。在这本书中，我们会了解到像Shoebuy.com和角鲨头啤酒厂（Dogfish Head Craft Brewery）这样的初创企业拒绝风险投资，拒绝使用高端设备的原因是不想深陷债务之中或避免增长过快。我们会看到在伦敦最贫穷的行政区或在芬兰这样的国家，如何借助转型和改革让众多学校里的孩子们受益。它们的成功并非是因为领导模式的突然转变而一蹴而就，而是因为经过多年坚持不懈的努力，建立了更加稳定的工作关系和取得了更大成就的缘故。

## 5. 提升的历程

从我们的研究中可以清楚看出，提升性领导力的六项要素是实现更高绩效和目标的关键。有时，我们的研究结果与以往对卓越绩效的解释如出一辙——之前的研究主要探讨了富有感召力的变革型领导所强调的“软过程”，其中包括有共同的愿景；有清晰的方向感，知晓如何到达目标；加入团队旨在共同实现这个愿景等，[1]通常来说这些

---

[1] 充满神话和戏剧色彩的领导感召力的相关观点，请参见R.Olivier, Inspirational Leadership: Timeless Lessons for Leaders from Shakespeare’s Henry V, Boston: Nicholas Brealey,2013.

有关传统的学术观点，请参见B.M.Bass, The Inspirational Processes of Leadership, Journal of Management Development, 1988,5(7):21-31.

有关变革型领导的学术观点，请参见B.M.Bass and R.E.Riggio, Transformational Leadership, Mahwah,NJ:Erlbaum,2006.

有关变革型商界领军人物的实践性观点，请参见R. Dobbs and P.R.Walker, Transformational Leadership: A Blueprint for Real Organizational Change, Marion, MI: Parkhurst Brothers,2010.

有关教育的观点，请参见 K. Leithwood, D. Jantzi, R. Steinbach, Changing Leadership for Changing Times, Florence, KY: Taylor&Francis,1999.

软过程可以帮助绩效大幅度提升。

但有时，我们研究得出的结论却背离甚至从价值角度质疑这些有关“软技术”的解释，这也归因于传统的勤奋思想，以及人们对确凿数据重要意义和持续性竞争重要性的不同认知。表1区分了“硬”和“软”两种转变和提升方式。我们将进一步指出，这并不是如何在实现卓越成就的众多备选方案中进行选择的问题，而是如何把两者结合在一起的问题。找到与那些最想阻挠你的人的共同的话题；体面地解聘员工；与不满意的顾客私下沟通；注重创新，但一定不要让学生或优质客户变成试验品——这些要素构成了提升的本质。

**表1 转变和提升的方式**

| 软方式 | 硬方式 |
| --- | --- |
| 梦想 | 坚持 |
| 创造 | 挑战 |
| 合作 | 竞争 |
| 以人为本 | 数据驱动 |
| 牵引力 | 推动力 |
| 长期 | 短期 |

在我们所调研过的组织中，众多的领导者都通过提升精神层面、提高团队乃至自身的能力来提高员工的绩效。他们共同踏上了一段史无前例的旅程，并充分结合和利用软、硬技术及其特质，确保旅程一帆风顺。在其他人看来，“软”、“硬”两个方面彼此排斥，根本无法兼容。

提升性领导力追求着一个并不太现实的梦想。他们凭借着勇气和坚韧不拔的意志，时刻准备着为实现这个梦想而奋斗。他们设定的航向或许行不通，或许是其他人忽略的，甚至是尽量避开的。他们克服各种阻力，巧妙地运用各类数据、指标和方法，并让更多的员工和群体介入其中。他们评估（事态的）进展情况，把实现目标视作大家共同努力的方向，但不会自上而下地追究责任。提升性领导者会引导着、带领着团队去实现梦想，让每个人都从中获得极大的幸福感。他们会与敌人结盟、与竞争者合作。他们并不依靠那些只会带来短暂假象的灵丹妙药或速效法；相反，他们会力求保持发展的可持续性，同时顾忌到其他方方面面。

现在就让我们来看看，在所有的组织中提升性领导者是如何将这些凝聚在一起，实现以小博大、标新立异和转败为胜的。

# 第一章

# 执着于梦想

丹尼斯·雪莉
（Dennis Shirley）

人人都做梦，但不尽相同；

那些在夜晚的冥尘中做梦的人，清晨醒来时会发现原来只是一场空；

那些白日做梦的人最为危险，因为他们会在睁着双眼梦想未来时，把梦想变为现实。

——托马斯·爱德华·劳伦斯（T. E. Lawrence）

## 1. 梦想和信念

1963年8月末的一天，马丁·路德·金（Martin Luther King Jr.）站在华盛顿特区的池塘前，他没有向任何人宣布自己的战略计划，也没有为此罗列关键业绩指标或设定任何目标。正如我们从他热情澎湃的演讲中所了解到的那样，金博士有一个梦想——一个不太现实的梦想，即希望“他的四个孩子有朝一日能在一个不以他们的肤色，而以他们的品格优劣来评判他们的国度里生活”。[1]仅仅两代人

[1] 摘自 www.thekingcenter.org/archive/document/i-have-dream-1。

的时间，这个梦想和由此引发的一切行为就帮忙成就了第一位非洲裔美国总统。

没有梦想，就不会有人类和社会的深刻变革。提升性组织及其领导者会畅想和追求一个不太切合实际，甚至比一项计划或一个愿景更为大胆的梦想，并鼓励人们共同追求这个梦想。正如马丁 · 路德 · 金所描述的那样，这些梦想有改变的可能性，也有其发生的必然性。

鼓舞人心的梦想是一个关键要素，在从无到有创造新事物或转败为胜的过程中起到了至关重要的作用。梦想描述了一个可以预见到的未来，让人期待，并为之奋斗；也提供了一个比现实更为美好的东西。梦想不会强迫人们改变他们的意愿，它会通过引导、呼吁和表达他们的理想、意愿和信念来激励人们，让人们相信发生前所未有的变化是极有可能的。

当人们共同拥有某些不为追求个人利益的梦想时，梦想的力量最为强大。由此可见，最鼓舞人心的梦想通常都与整个组织、社会——乃至整个国家的发展有关。这种富有激励性的愿景赋予了人们生活的意义，在绝望中为人们带来了希望。对于提升性领导力而言，下述三种激励要素尤为重要，我们将在本章以及后续章节深入了解这些要素所发挥的作用。

- **一个鼓舞人心的远大梦想不只是设定量化目标。**它不会把目标锁定在前五名，或强调达到像“世界一流水平”这般崇高但却模糊的目标。相反，这类梦想会努力提升绩效和增加产出，也会让人们的生活更加美好。它承诺会让人们的处境获得极大改善。为了帮助那些身处社会边缘或遭遇歧视的人们，我们通常会从机会、公平、晋升等方面提高人们的社会地位。英国伦敦的两个贫苦区都曾因失败的教育而苦恼不堪。在哈克尼行政区，父母会尽力把他们的孩子送入当地的学校，这就是他们的梦想。在陶尔哈姆莱茨区（英国最贫穷的地区），贫穷不是失败的借口。

● **梦想的包容性赋予了人们集体意识。**这意味着愿景并不仅仅属于少数高层领导者，它也是整个团体的财富和特权——从高级主管到地位最低的助理人员，从前线的工人到幕后的办公室职员，他们彼此相互依赖，紧密联系。斯科特巴德化学品和树脂公司用社会责任感将人们联系在一起，让每个投入和参与企业运作的员工之间形成了难以割舍的关系纽带。

● **梦想是对“一直是怎样的”和“将来会是怎样的”两者关系的一种明确界定。**它不仅追溯过去，也展望未来，更体现出了历史传承和发展进步之间的关联性和持续性。它要人们时刻牢记自己的初衷，进而明确自己的目的地。它提醒人们坚持自我，遵循本心。在英国伯恩利这个经济萧条的小镇，人们依旧奢望着他们的足球俱乐部能够再次出现在英格兰顶级联赛——英超联赛中。

在很多情况下，鼓舞人心的梦想都拥有着提升整体绩效和反败为胜的力量，但在真正实现“橡胶接触路面”的汽车制造业，梦想却很难大展拳脚。但恰恰就在这个行业里，孕育出了一些最为大胆的梦想。当亨利 · 福特创建福特汽车公司的时候，他宣称组织的目标就是“让世界的公路向全人类敞开”。❶

2009 年美国总统就职典礼前一个凉爽的夜晚，一个爆炸性新闻首先传到了意大利都灵市，它改变了一直以来城市和世界对汽车制造业的认识。《金融时报》（the Financial Times）最先报道了菲亚特汽车公司和美国汽车巨头克莱斯勒公司有可能要建立合作伙伴关系这

---

❶ 摘自 http://corporate.ford.com/news-center/press-releases-detail/pr-opening-the-highways-artwork-38208。

一消息。[1]数月之后，当克莱斯勒公司和大众公司如纸牌屋一般土崩瓦解时，这种合作关系成了既定的事实。2013年年底，一切都为全面收购做好了准备。2014年元旦当天，菲亚特汽车公司收购了美国汽车业工人联合会信托基金持有的克莱斯勒41%的股份，此次全面收购让克莱斯勒汽车公司和美国汽车业工人联合会完全受控于菲亚特汽车公司的股掌之中。[2]

与2004年濒临破产边缘的状况相比，现如今的意大利菲亚特汽车公司（FIAT）已经取得了很大的进展。菲亚特公司成立于1899年，作为欧洲汽车工业的一位开拓者，它在20世纪的大多时间里声名远播，有口皆碑。[3]很长一段时间，人们都坚信对菲亚特汽车公司发展有利的，也一定对整个国家（意大利）的发展有利。20世纪60年代，当菲亚特500微型轿车在市场上大获成功，并成为欧洲浪漫电影中的一个标志性元素时，菲亚特的黄金时代到来了。在该公司创始人乔瓦尼·阿涅利（Giovanni Agnelli）的孙子吉亚尼·阿涅利

---

❶ P.Betts and M.Nakamoto, Fiat Boldly Goes Where Others Fear to Tread, Financial Times, . January, 20, 2009.

❷ J.Trop, Fiat, in Deal with Union, Will Buy Rest of Chrysler, New York Times, January 1 2014, www.nytimes.com/2014/01/02/business/fiat-in-deal-with-union-will-buy-rest-of-chrysler.html?_r=0;

The Economist, Hoping It Will Hold Together, The Economist, August 24, 2013, www.economist.com/news/busniness/21584001-union-fiat-and-chrysler-has-better-chances-both-carmakers-previous-alliancesbut.

❸ E.Sylvers, In Helping Chrysler, Fiat May Find an Opportunity, New York Times, March 31, 2009, www.nytimes.com/2009/04/01/business/01fiat.html?_r=1&.

2009年1月，我们的研究团队在都灵的菲亚特汽车公司实地考察了三天。随后不久，该公司与克莱斯勒结成联盟，确立了合作伙伴关系。伴随而来的是重组和重新分配人员，那些一直和我们通力合作、积极推进考察调研的公司高管们离开了公司，另谋他职。员工的变动不利于我们开展伦理审核工作，也再难以搜集到第一手资料。不过，我们可以收集、分析和描述来源于各个公共领域，例如网站、新闻和杂志上的文章、演讲和报告、学术论文等二手数据，以此了解菲亚特所代表的提升性组织的实际情况。所有数据来源都罗列在脚注中。

（Gianni Agnelli）的引领下，菲亚特汽车时尚感十足，彰显出了60年代的意大利风格和高贵品质，从而一炮走红。❶

不过，菲亚特缓慢下滑的信号早在20世纪80年代初期就已经显露无遗了。在繁荣兴旺但却被过度保护的国内市场上，菲亚特的销售额于1988年达到峰值，占到市场份额的59%，且在欧洲市场也极为乐观地保持着15%的市场份额，（这些现象）掩盖了许多潜在问题。❷1982年公司只有50%的生产业务是外包出去的，但10年以后这个数字却上升至65%——公司的设计工作也同样采取外包模式。美国市场发现菲亚特设计的方形汽车不仅毫无吸引力可言，甚至还不太靠谱。在1974年，光是菲亚特斯特拉达（Fiat Strada）汽车在保修期内的维修成本就已抵消了所有的销售利润。1984年，公司彻底放弃了美国市场。❸

这个家族企业秉承的家长式管理作风已不再适应快速发展的生产体系和现代汽车制造业的国际营销趋势。2003年吉亚尼·阿涅利（Gianni Agnelli）去世时，菲亚特正处于危机之中。截至2004年，公司已经连续亏损了17个季度，❹频繁更换了四届首席执行官，始终都没能扭转这一局面，甚至连都灵市的市长都认为菲亚特是一家“经

❶ C.Whitlock and S. Mufson, Once-Struggling Fiat Could Become No.3 World Automaker with GM, Chrysler Deals, Washington Post May 17, 2009. www.washingtonpost.com/wp-dyn/content/article/2009/05/16/ AR2009051602319.html.

❷ C.Castelli, M.Florio, and A. Giunta, The Competitive Repositioning of the Automotive District of Turin: Innovation, Internationalisation and the Role of ICT, Milan University, May 6, 2008.

❸ Reborn Fiat Shakes Up Italian Stereotype, The Economic Times International, May 11, 2009, articles.economictimes.indiatimes.com/2009-05-11/news/27655883_1_italian-automaker-fiat-brand-sergio-marchionne.

❹ 菲亚特首席执行官塞尔吉奥·马尔基翁内（Sergio Marchionne）荣获米兰理工大学工业工程与管理专业荣誉学位，他在2008年5月27日发表演讲，有关演讲内容的PDF文档下载地址为：https://www.fiatgroup.com/en-us/joinfiat/Documents/lectio_marchionne_eng.pdf.

营欠佳的公司”，似乎注定会颓废下去，变成一家报废汽车拆卸厂。❶

2004年，塞尔吉奥·马尔基翁内（Sergio Marchionne）被任命为第一位掌管菲亚特汽车公司，但不受阿涅利家族（Agnelli Family）直接监管的首席执行官。尽管马尔基翁内没有从事这个行业的经验，但当他接管这家公司时，还是一眼就看出了这家公司的问题。他把公司的运作看作是一个“笑话”，甚至将其比作一副“死尸”。❷菲亚特的投资组合开支过大；公司虽注重机械制造之术，但对21世纪的时尚型消费者来说，却没有任何吸引力可言；经销商们对待顾客的态度是：要么接受，要么放弃，没有任何商量的余地。

但不知为什么，到了2006年，这家公司就立即恢复了盈利能力；2008年全球经济危机爆发之前，从财务报表上看菲亚特始终处于盈余状态。2010年，公司不仅存活了下来，还超越并接管了国际上某些竞争对手公司，其中最富有戏剧性的就是在2009年全球爆发经济危机期间，它与美国第三大汽车制造公司克莱斯勒大胆地确立了合作关系。意大利权威报刊——《共和国报》（La Repubblica）是这样报道的：“我们挚爱的盔甲战士来到钢铁行业中独眼巨人的领地，拯救他们于愚蠢之中。”❸

一则商业新闻的报道说，这个有点古怪的，拥有加拿大籍的意大利人马尔基翁内是这家公司的拯救者——他被说成是“强壮的”“有梦想的”“行为怪异的”。似乎可以把“与克莱斯勒合作这一举措”看作是一种管理魅力，不过这样做当然还有其他的原因。马尔基翁内和菲亚特都梦想着要向美国市场输送大量的节能型汽车，尽管这个梦

---

❶ Whitlock and Mufson, “Once-Struggling Fiat.”（曾一度苦苦挣扎的菲亚特）

❷ S. Marchionne. Fiat’s Extreme Makeover, Harvard Business Review, December,45, 2008, hbr.org/2008/12/fiats-extreme-makeover/ar/1.

❸ La Repubblica’s US correspondent Vittorio Zucconi is quoted in Reborn Fiat,2009.

想并不太现实。这一举动也让菲亚特赢得了奥巴马政府的肯定，并提供了一次与克莱斯勒建立合作关系的机会。[1]马尔基翁内宣称，这一举动让克莱斯勒接触到了小型汽车技术和排量更小的发动机技术，这会“帮助增加美国就业”和“显著加快克莱斯勒生产节能型汽车的步伐”。[2]到2013年年底，菲亚特在这次合作中所持有的股份已高达60%。[3]

菲亚特公司承诺制造和销售小排量、节能型汽车，以此应对气候变化，并慎重且有效地运用能源资源，志在拓展全球业务。减少燃料、物资和能源的浪费可以降低成本，也更环保。对于塞尔吉奥·马尔基翁内来说，任何的浪费都是不道德的。[4]最终，菲亚特的目标锁定在实现零浪费上。

菲亚特公司清楚地知道，实现道德目标或环保目标并不需要公司牺牲什么或表现得很伪善。人们不会去购买丑陋的汽车，即便这些汽车高效节能。正如菲亚特公司一直做到的那样，它把自身与快乐和风格融合在一起，就如同自身兼顾利益和责任一样。

在积极促进合作并最终与克莱斯勒合作之前，菲亚特公司已经推出了重新设计过的菲亚特Cinquecento（500）汽车，并见证了它在市场上所获得的巨大成功。[5]这款新汽车将最前沿的创新技术与公

---

❶ N.Bunkley, U.S. to Sell Its Chrysler Stake to Fiat, New York Times,2011, June 2, www.nytimes.com/2011/06/03/business/03auto.html?_r=0.

❷ 参见E.Reguly, A Green Method Spurs Fiat’s Madness, The Globe and Mail, www.theglobeandmail.com/report-on-business/rob-commentary/a-green-method-spurs-fiats-madness/article784786, 2009年5月11日。

引自《经济学家》，Saving Fiat:Sergio Marchionne Thinks He Can Salvage Italy’s Flagship Company, The Economist. www.economist.com/node/5263417?zid=293&ah=e50f636873b-42369614615ba3c16df4a. 2005年12月1日.

❸ 引自《经济学家》，“Hoping It Will Hold Together.”

❹ Marchionne,”Fiat’s Extreme Makeover.”

❺ S.Pattuglia, Intergrated Marketing Communication and Brand Management: the Case Study of Fiat 500.DSI Essay Series,No.18. (Milano: McGrawHill),2011,18.

司历史联系在一起。从某种程度上来说，菲亚特公司知道它的目标方向，因为它已经在这个领域重新找回了自信。想要重新担任未来的开拓者和设计者，其中的一种方法就是唤醒人们的青春浪漫主义意识。让顾客重新与年轻时代的希望、骄傲和愉悦等情感联系在一起，让人们尽量不要凡事都联想到以往的失败。重塑经典品牌，这为公司从辉煌的过去走向更加光明的未来架起了最重要的桥梁。

菲亚特的设计师和广告商极为钟爱他们的产品，同时也唤起了人们的共鸣。在欧洲曾举办过的一次旨在推广菲亚特的奢侈品牌蓝旗亚（Lancia，意大利产轿车品牌名）的高端推广活动中，一位好莱坞演员，同时也是一位激进分子——李察 · 基尔（Richard Gere）就引领着开启了一场远赴西藏的心灵之旅。一位公开的同性恋者、时尚偶像斯蒂芬诺 · 嘉班纳（Steffano Gabbana）也曾颇具争议地亲吻了一个有过劣迹的黑人女孩。在这里，目的与愉悦感、风格与差异性、尊奉道德准则的献身精神与强烈的欲望都彼此紧紧地、巧妙地交织在一起。提升意味着情感上、社会层面和环境方面的共同发展。它把当前的菲亚特公司与辉煌的历史联系在一起，同时也把它的未来与更加高尚的生态责任和人权等道德观联系在一起。它用灵感打造了一个富有审美情趣，且遵循道德标准的自我。成功本身并不是菲亚特公司的目的。为了追求美好的生活而将成功与社会责任感和激人奋进的情感融为一体，那么此时成功就更多意味着公司对未来的期望，也更多体现出公司创立的初衷。

菲亚特不是第一家，也不是唯一一家借助激励性目标、偶像、神话故事——提醒人们“他们是谁、他们曾经做过什么、他们真正的目的是什么”——来提升绩效的组织。其他公司也已经证明了这种能力能够在未来和过去之间、在灵感和认同之间建立强有力且积极的关系。在体育界，我们也关注到了另一个相类似的案例。

当美国女子足球队在世界排名中失去冠军宝座时，团队成员的梦想并不是要保住这个第一名的位置，而是要“提高世界上所有女性的运动水平”以及“（让人们明白）女性在社会上正扮演着一种不同的角色，这是全球性社会革命的一部分”。[1]她们确实是这样做的，她们自愿参加当地的社区活动和社区项目，为此所花费的时间精力远比美国职业足球大联盟中的男队员花费的时间要多得多。自从1991年美国女足确立了这些目标之后，女性运动逐年受到越来越多人的关注。同时，经过努力，这支球队在1999年又再一次获得了世界杯冠军。

加里·埃里克森（Gary Erikson）推出了能量零食——克利夫营养棒（以他爱冒险的父亲的名字命名），他的目标是在他母亲的厨房里，把自己对冒险的热爱与激情融合在一起，提升烹饪水平。1990年，埃里克森想要生产出一种美味的、营养丰富的食品，进而取代淡而无味、高度加工过的能量棒。克利夫营养棒的品牌愿景简单地设定为“让人们保持运动状态”。[2]它的年度报告不仅仅或者说并不主要向股东们公布财务数据，他们还公布了其他一些指标，表明公司在可持续性发展和健康饮食方面所做出的贡献——包括有机原料的使用、向大型的非营利性组织捐款、减少生态足迹等情况。在对一次全国范围内艰难召回受污染的花生产品事件发表评论的同时，公司在2009年年度报告中郑重申明：克利夫营养棒15年以来一直都秉承健康的经营模式，立足长远规划做出财务决策，绝不会为了满足短期需

---

[1] C.Gilson, M.Pratt, K.Roberts, and E.Weymes, Peak Performance: Business Lessons from the World’s Top Sports Organizations, London, England: Harper Collins,2001,29.

新西兰作家吉尔森（Gilson）和他的同事们搜集了来自世界各地的12支球队的案例，这是体育界针对成绩卓越的球队及其背后的原因展开的为数不多却极为重要的案例研究。

[2] G.Erikson and L.Lorentzen, Raising the Bar: Integrity and Passion in Life and Business: The Story of Clif Bar Inc. San Francisco: Jossey-Bass, 2004,252.

求而控制成本和追求短期利益最大化。这种“量入为出”的经营哲学让公司成功地“渡过了难关”。[1]埃里克森在他的《克利夫能量棒的故事》一书中指出：“这些理想鼓舞并激励着我们。”[2]

我们从菲亚特公司、克利夫营养棒公司和美国女子足球队这些与众不同的组织身上看到了一种力量，一种比追求自身利益，追求声望或成功更为强大的力量——无论是生态责任，还是健康与保健，又或是女性的机遇与成功。约瑟夫·巴达拉克（Joseph Badaracco）在著作《强力拼搏》（the Good Struggle）中，把这种力量描述为“挑战极限”——并不仅仅指绩效指标达到峰值，也指社会目标和激昂情绪的最大化。[3]我们起飞之后要做的第一件事就是飞到制高点。很多人都听说过一个很有名的故事，肯尼迪总统问一位在美国国家航空航天局工作的清洁工：“他是做什么工作的？”这位清洁工回答说：“把人类送上月球。”总统先生和航空航天局的职员抓住了问题的核心：首先要做的事情就是清晰有力地表达出这个不太现实的梦想。更重要的是，不只是你，而是每个人都开始相信这个梦想能够实现。

提升性领导力并不只是表现为一组羡煞旁人，胜过一切情感表达的数据或排名。我们可以在一个渴望成功的团队里，或追求成功的过程中发现这种提升性领导力。提升性领导力不是没有梦想，也不会实现那些只为实现个人利益，要用某些成功指标衡量的白日梦或虚幻梦想。相反，它的梦想鼓舞人心，包容一切，通过满足人们自我实现的需要、为团队做出贡献的需要、希望融入比自身更强大的团队的需要来指引人们向上求索。它清晰地刻画了一个梦想：那是一个令人向往

---

[1] Clif Bar, Raising the Bar: All Aspirations Annual Report, Berkeley, CA, Clif Bar&Co., 2009.

[2] Erikson and Lorentzen,253.

[3] J.L.Badaracco, The Good Struggle: Responsible Leadership in an Unforgiving World, Cambridge, MA: Harvard Business Press,2013.

的目的地，在那里人们可以发挥以往的最佳水平，或始终保持之前的最佳状态。

## 2. 梦想和勇气

这种鼓舞着个体、组织和群体奋进的动力不只是一个空洞的希望或一场精彩的演说；它还必须激发人们采取有影响力、有目的性的新行动。显然人们的言行发挥了作用，但还需要勇气、胆量和决心来实现它。

人们并不总是崇尚梦想，也不会随意恭维人类的预言家。通常大胆的预想总会招来不满、反对、嘲笑和质疑。当亚历山大·格雷厄姆·贝尔（Alexander Graham Bell）带着他的专利来到电报公司（即后来著名的西联公司）时，他得到的答复是：用这台“笨拙而不实用的设备”还不如派一位信差去电报局。[1]提升性领导者和他们最初的追随者都不会被这些质疑所打败；相反，他们会因此变得更加勇敢。他们乐于看到自己被轻视，因为质疑和嘲笑只会坚定他们获得成功的决心。

当领导者们带领着其他人共同经历深刻的变革时，他们也会对失败、危险或是虚无缥缈的未来心生恐惧。每一位领导者在他（或她）真正面对失败时都会有那么一瞬间对自己产生怀疑。所谓提升性领导力，就是指领导者战胜他们自身和追随者恐惧心理的能力——从某种程度上来说，这种能力可以创造奇迹。

即便是最能干的领导者也会遇到下述这些问题，这也正是他们的顾虑所在：“我是否承诺得太多？”“我会令人们失望吗？”“我有

---

[1] 参见 S.Spencer, Biggest Patent Goof in History? blog.stevenspencer.net/2009/05/17/ biggest-patent-goof-in-history/. 2009 年 5 月 7 日。

足够的毅力将行动进行到底吗？”“我会为了自己的野心而压榨别人吗？”但是这些领导者不会不知所措或时不时地自我反省，甚至是自我怀疑。相反，拥有不现实的梦想及在面对如克服失败、防止倒闭、避免破产等巨大挑战时，人们会逐渐下定决心：克服障碍，寻求改变，认清通往胜利的道路。

面对众多的梦想反对者时，领导者需要表现出勇气、实力和不屈不挠的精神。这种回应需要每个人发掘自身优势，或许他们从来都没有意识到自己确实具备这种优势。在这个过程中，人们需要时刻做好战斗的准备，努力提升团队的整体实力。

迪恩·沃格尔（Dean Vogel）、埃里克·海因斯（Eric Heins）和玛丽·罗斯·奥尔特加（Mary Rose Ortega）这三位领导者就具备上述这些品质。他们所领导的一个组织已经帮助几百个加州最差的学校——这些学校的学生成绩排在最后20%——实现了逆转。做此项工作的这类组织可能会让你大吃一惊，我们会简要地透露一下这个组织的背景，但在这之前让我们更多地了解一下这三位领导者。他们都是实实在在，有着奉献精神的老师。沃格尔（Vogel），这个组织的总负责人，是一位小学教师，做了39年的学校辅导员，备受人们赞誉。奥尔特加（Ortega），该组织董事会成员，在条件艰苦的洛杉矶贫民区的小学里从教了相当长一段时间。当她还是一名年轻的学生时，就立志当一名教师，因为她曾被阻止为一名来自墨西哥的新移民学生提供西班牙语服务。埃里克·海因斯（Eric Heins），三位教师中最年轻的一位，以前是一位音乐老师，她不想看到“艺术一步步走向衰败”，因为当时众多学校都投入了越来越多的时间实施应试教育，以此来提高学生的考试成绩。海因斯只想引起孩子们对学习的兴趣，从而“回归优质教育”。

不可否认的是，这个组织花了很大的力气来应对这些状况。半个世纪以来，美国加利福尼亚州原本是美国最负盛名的教育圣地之一——人均教育投入高于全国平均水平，大学升学率逐年提升——最终却沦落为教育落后的不毛之地。2000年该州财政支持的教育经费下滑至全国平均水平以下；到了2003年，除了路易斯安那州和密西西比州以外，加利福尼亚州的学生在美国教学评估中的表现是最差的。❶

即使在上述这种状况下，沃格尔、海因斯和奥尔特加的组织——加州教师协会（CTA），即美国最大的州立教师联盟还是取得了令人满意的成绩。❷加州教育部门的一份报告显示："对所有参与该项目的学校的学生学业成绩指数（API）进行数据分析，结果显示这些学校的学生平均学业水平高于全州的平均水平，在项目的初期，情况亦是如此。"❸换句话说，参与这个项目的学校比那些不参与该项目的学校进步更快。一项独立研究调查结果也表明："一般来说，与其他同类学校相比，那些招录非洲裔美籍学生、西班牙裔美籍学生、英语学习生和社会底层学生的学校表现更为出色。"❹

---

❶ 美国国家教育进展评估((National Assessment of Educational Progress)数据库生成各种统计表、图表和地图，帮助各个州评估和分析数十年间学生的学业成绩。数据来自nces.ed.gov/nationsreportcard/naepdata/.

2003年的数据引用在S.J.Caroll, C.Krop, J.Arkes, P.A.Morrison, and A.Flanagan, California's K-12 Public Schools: How Are They Doing? Santa Monica,CA:RAND,2005,xxxiv.

❷ 除特别注明之外，本书给出的有关CTA贯彻执行素质教育投资法案（QEIA）的数据、引证、资料及后续章节，均为安迪·哈格里夫斯和丹尼斯·雪莉在案例研究过程中搜集到的第一手资料，符合研究协议和整体研究框架的要求。详见附录。

❸ 参见加州教育厅向立法机构和管理人员提交的报告《素质教育投资法案》中的第一份进度报告，2010年1月，网址是www.cde.ca.gov/ta/lp/qe/.

❹ C.L.Malloy and A.K. Nee, Lessons from the Classroom: Initial Success for At-Risk Students, A Report on the Quality Education Investment Act, Los Angeles: Vital Research,2010.

加州教师协会（CTA）所做的工作及其取得的好成绩似乎与媒体上对教师联盟的描述相去甚远。事实上，这些年他们遭受了诸多非议。一部耗资数百万美元的电影《等待超人》揭露了教师协会因无法管理好不称职的教师，进而让协会蒙受巨大损失的事实，令人大为震惊。在《特殊的利益：教师协会和美国公立学校》一文中，斯坦福大学的政治学家特里·莫（Terry Moe）以牺牲社会公共利益，获取私利这一事实，对教师协会予以了抨击。[1]《华尔街日报》的社评作者彼得·布赖姆洛（Peter Brimelow）挑衅般的把撰写的著作定名为《苹果里的蛀虫：教师协会正在摧毁美国教育》。[2]

所以当加州教师协会着手准备帮助众多加州学校扭转局面时，真正的挑战才刚刚开始。沃格尔、海因斯和奥尔特加明白他们必须为美国大多数的弱势学生争取到接受教育的权利和机会。他们要消除公众和政客对教师协会的成见，改变人们对教师协会既存在隐患，也会造成破坏的错误认知。此外，他们还必须在协会内部发动一场革命，设计组织的新愿景——还有安排教师协会的一切活动——这些都应该在进行当中。但是，在排除所有这些干扰之前，加州教师协会还要迎接一场它创办以来最大的挑战——与美国加州州长阿诺德·斯瓦辛格（Arnold Schwarzenegger）之间的对抗。

现实生活中的州长斯瓦辛格是一个强大的对手，正如他在电影中所扮演的角色那样。的确，这位加州州长凭借着人生阅历和硬汉风格，在2006年的大选中获得了绝对性胜利，由此再次当选为州长。但是，加州教师协会的领导者并不是这位州长的支持者。实际上，当

---

❶ T.M.Moe, Special Interest: Teacher Unions and America's Public Schools, Washington, DC: The Brookings Institution,2011.

❷ P.Brimelow, The Worm in the Apple: How the Teacher Unions Are Destroying American Education, New York: Perennial, Harper Collins, 2003.

斯瓦辛格削减几亿美元的教育经费来弥补整个系统的资金亏空时，他们感到义愤填膺。因此在2005年8月，协会起诉州长斯瓦辛格，理由是他推翻了先前一起诉讼案件的判决裁定。当年这个案件的裁定结果是：加州需要从当地税收中拨出固定比例的资金用于教育事业，尤其用在不同肤色的低收入学生身上。在2006年5月加州教师协会起诉州长斯瓦辛格这一案件的裁决中，加州高级法院站在了教师协会这一边。[1]这位州长被裁定应按照与教师协会的协议规定，归还2.3亿美元的教育预算。加州教师协会赢得了这一场战斗的胜利，也许是它所赢得的最大一场战斗的胜利。但是，从另一个角度来说，战斗才刚刚开始。

教师协会将要迎接的下一场战斗是一场内战，因为它需要尝试着回答这样的问题：在如此良机面前，它应该做些什么？教师协会并没有把这2.3亿美元以薪金和福利的形式分配给协会成员，或简单地将钱平均分发给每一所学校。这么做会忽视系统内部富裕学区与贫穷学区之间的极度不平等现象。相反，协会设计并实行了一种与当前美国教育系统惯用模式相悖的变革模式。

美国学校系统内推行的很多教育改革方法，收效都不太理想。这些区政府或州政府经常鼓吹自己如何坚决地做出了解雇校长、开除教师、关闭学校等决定，并向实际转型中的团队派驻官员——这些只会暂时扭转局面，但成效难以维持，也不具备推广性。[2]其他政府则花

---

[1] 参见 note#26,2010.

[2] A.Smarick, The Turnaround Fallacy, Education Next 10 No.1,2010, 20-26.

也可参见 H.Mintrop, The Limits of Sanctions in Low Performing Schools, a Study of Maryland and Kentucky Schools on Probation, Education Policy Analysis Archives, 2003, 3（11）Epaa.asu.edu/ojs/article/view/231.

C.Payne, So Much Reform, So Little Change: The Persistence of Failure in Urban Schools, Cambridge, MA: Harvard Education Press,2010.

A.Daly, Rigid Response in an Age of Accountability: The Potential of Leadership and Trust, In Educational Administration Quarterly 2009, 2（45）:168-216.

费极高的代价从邻近的学校挖来优秀的老师或学生。相反，加州教师协会采用了一种与众不同的方法，他们决定与教育同行进行合作——而不是相互对立。加州的每一位教师都致力于成为学校转型进程中教育变革的引领者。

教师协会首先把资源分配给每所学校的教师领袖。正如玛丽·罗斯·奥尔特加解释的那样："老师们知道这些孩子需要什么……（谁）应该为学校开展的学生工作（提供）资金支持。"改革的目的不是孤立教师或让教师实行自治，而是凝聚专业人才，为学生的成绩和学校的发展共同承担责任。为此，他们采取了一系列措施，包括互访班级，给出关于如何提高教学水平的批判性、建设性的反馈意见；共同查看有关学生成绩的数据，精确找到实施干预的途径。一位教育工作者在对参与其中的34所学校展开深入调研之后指出："我们现在有很多的合作时间，而且借助数据研究来提高学生的学业成绩也是我们的目的之一。每逢星期三，我们都会派出数据测评团队，对测验成绩予以评估并提出改进策略。"[1]教师之间的合作多且频繁，至少每周都会有一次这样的合作。职业发展只与合作团队的精确需求有关，绝不会偏袒某些个别教师或让教育工作者接受最权威大师思想的洗礼。

埃里克·海因斯驾车带我们前往距离圣佛朗西斯科仅一个小时车程的一所加州教师协会试点学校，去看看他们项目的进展情况。这所学校最近刚刚退出了"教学改进"计划——也就是说，它并没有实行加州和联邦政府推行的为期两年的"适度年度计划"。那些反对校长长期留任制的教师们遭到了惩罚，他们每年都会被分配到不同年级的不同班级，这意味着他们需要做好额外的准备，反复中断教学工作，

---

[1] 引自C.L.Malloy and A.K.Nee, Cultivating Change in Schools: A Deeper Look at QEIA implementation, Los Angeles: Vital Research, 2013,15.

这也增加了学业成绩达标的难度。

许多教育改革家普遍认为有经验的老师大多年纪偏大，薪水很高且不太受人欢迎。不过一位资深的老教师却回忆说，这位新校长很“乐于接受新事物”。“我们开始就论文和著作交换思想”，而当他真正开始“不停地发问”时，他看到这些有着丰富经验、学识渊博、恪尽职守的教育工作者对老校长等级森严、分而治之的改革策略表现得极度失望。新校长意识到，作为一个团队，这些教师们比他更懂得有效的实践教学方法。有几位教师已经参加了一个旨在通过校际合作来提高学生读写能力的国家级项目；另外一些教师牺牲了个人时间，与全国优秀的职业教育人士取得了联系，希望以此提升学生的写作能力。像所有优秀的领导者一样，这位校长意识到自己的工作并不是要让自己成为比这些教师更睿智的人，而是要让这些教师更高效地合作，充分发挥他们的才能。

学校的教师领袖用加州教师协会资助的资金雇用了一些兼职教师，这样他们就能在白天与同事们会面并一起查看有关学生成绩的数据。教师们也会去访问区域内那些已在同类学生身上看到显著成效的学校。他们从同事和其他学校那里吸取经验，促进系统内专项资金的有效使用，以此提高成效。

事实上，尽管这所学校里的学生的学业成绩都不高，家境也一般，很难与特许学校和资源丰富的邻近学校相竞争，但经过所有人的努力，学生的学业成绩指标都已“打破了原有纪录”。所有合作学校里的学生都在稳步提升成绩，尤其是受到协会鼓舞的，来自少数民族地区或贫穷家庭的弱势学生，情况更是如此。

教育工作者也受到了鼓舞。加州许多最有经验的教师——他们之前曾对那些“不求认同，只求遵从”的改革方式略感失望——未来他们希望将自身拥有的、丰富的专业经验用于教育，并将它推广出去。当教师与他们的校长一同成为提升性领导者时，这也同样鼓舞了整个协会。

加州教师协会聚焦于近四百所认同其核心价值观的学校，力求提高这些学校的学生成绩，专注于学生和他们的学业“是（我们的）本职工作”，一位老师说道：“这是（我们的）终极目标。”协会的运作更侧重于职业方向，以道德至上为核心，许多年轻教师由此受到启发和鼓舞——现在他们感觉到这就是自己的使命。

除非有一个鼓舞人心的梦想牵引着你，否则你和你的组织不会持续获得非凡的成就。除非你竭尽全力为之奋斗，否则你不会实现你的梦想或保持实现梦想的动力。加州教师协会发起并赢得了一场具有里程碑意义的法律诉讼，驳倒了加州州长阿诺德 · 斯瓦辛格（Arnold Schwarzenegger）。从道德层面来说，协会的领导者认为应该为加州那些最缺医少药的学生提供保护和支持。他们知道这也意味着他们必须在教育领域获得大家的高度认可，并提升协会的专业修养，这需要重塑教师协会的专业性和重申协会的创办主张。

从无到有创造新事物或能够反败为胜的领袖都应具备一定的胆量。这不仅需要想象力和梦想，还需要艰辛的工作和努力让它们变成现实。在《领导力和斗争的艺术》（Leadership and the Art of Struggle）一书中，作者斯蒂芬 · 斯奈德（Steven Snyder）描述了并不完美的人因为能够保持清醒的头脑，知道自己为何而奋斗，所以在面对逆境时能够表现出卓越的领导才能。他们沿着其他人从未探索过的道路前行，即使面对困境也一直在不断地坚持着、适应着。[1]斯奈德列举了许多传奇人物，比如亚伯拉罕 · 林肯（Abraham

---

❶ S.Snyder, Leadership and the Art of Struggle: How Great Leaders Grow though Challenge and Adversity, San Francisco: Berrett-Koehler,2013.

Lincoln，第十六任美国总统）、比尔·盖茨（Bill Gates，微软主席兼总裁）和史蒂夫·乔布斯（Steve Jobs，美国苹果公司联合创办人及前行政总裁）。在艰难挑战领导权威的最佳个人典范中，也不乏女性身影。

1886年，约瑟芬·科克伦（Josephine Cochrane）发明了自动洗碗机，她并非是为了追求名声或财富，她只是简单地认为“要是女性能从厨房中的苦差事中解放出来，那该多好”，她必须靠自己来寻求解决方案。但是，在她取得第一项专利权之后，科克伦却发现人们并不愿意将她的发明投放到国内市场上去——尤其是许多男人害怕如果用机器替代女性处理家务，那么女人可能就会有大把的时间无所事事。所以科克伦转而将她的发明投向了另一个市场——如大型酒店这样的公共机构。1893年洗碗机在芝加哥世博会上成功展出，随后一些酒店就开始大批量地订购洗碗机。在几年后的一次采访中，科克伦回忆了世博会之前发生过的一些事情，当她努力争取第一批酒店订单时：“你无法想象在那个年代，一位女性独自穿过酒店大堂是什么情形。我从未在没有丈夫或父亲的陪伴下独自去过任何地方——酒店大堂似乎有一英里宽，我想我随时都会昏倒，但我没有——而且我得到了一份价值800美元的订单作为回报。”[1]

你准备为何而战？你用你的名声和事业下注，想换来什么？这些问题将会帮助你揭开战斗的面纱，让自己变得更加坚毅，它将提升性领导力描述为一条充满艰辛的必由之路。如果它能够帮助你实现道德目标和那些鼓舞人心的梦想，那么它一定不是唾手可得的，你必须付出艰辛的努力才行。

---

[1] J.M.Fenster, The Woman Who Invented the Dishwasher, American Heritage of Invention& Technology, Fall 1999:59, http://50.57.231.74/IT/content/woman-who-invented-dishwasher-1?page=3.

## 3. 梦想与行动

当然，除非你能为梦想做些什么，否则梦想就一文不值。除非鼓励能转化成行动，否则它不会改变任何事物。尽管你的点子不错或想法超前，它可能会改变国人的驾驶习惯，但如果你的汽车制造公司破产了，那这些梦想也就无法实现了。当塞尔吉奥·马尔基翁内（Sergio Marchionne）穿着不拘小节的开领衬衫出现在公司时，他就已经知道菲亚特公司可能无法经营下去了，除非公司把从设计到生产的周期由原来的4年压缩至史无前例的18个月，乃至15个月。[1]所以他以惊人的速度在菲亚特公司展开工作，将鼓舞人心的梦想转化成切合实际的具体行动。[2]

现在就到了这样一个时刻，毅力、恒心和不懈的努力工作对几乎所有的提升性领导力行为来说都是相当重要的，尤其是在努力扭转局面的过程中。温斯顿·丘吉尔（Winston Churchill，英国政治家及作家）曾说过："如果你正在经历炼狱，那就继续吧。"[3]除了鼓励以外，要想实现一个不可能实现的梦想，组织还需要付出百分之百的努力，有时在前行的道路上，甚至还会体会到绝望的滋味。

有时，有着超强忍耐力的人可以清晰辨明灭亡与生存之间的差异，即便另一只脚已经滑进坟墓，这只脚也不能踏进去。当充满希望时，保持积极向上的精神可以让人们情绪高涨；但当希望破灭时，也同样需要打起精神。2008年9月，当雷曼兄弟破产时，它引发了一场波及全球的金融危机。让我们来看一看美国最大的企业之一，一家

---

[1] 摘自菲亚特首席执行官塞尔吉奥·马尔基翁内（Sergio Marchionne）的发言稿。

[2] E.Reguly, Transatlantic Man, Globe and Mail Report on Business, December 2009 :40.

[3] 基于现代观点审视丘吉尔的一句经典语录。请参见G.Loftus, If You are Going Through Hell Keep Going—Churchill,Forbes,2012年5月9日。参见网址：www.forbes.com/sites/geoffloftus/2012/05/09/if-youre-going-through-hell-keep-going-winston-churchill/.

市值达到54亿美元的公司是如何应对这场危机的，它是如何挺过这场全球性经济衰退，并让自己变得比以前更加强大的。[1]

总部位于特拉华州威尔明顿市的杜邦公司，是一家有着212年历史的市场导向型科技企业，业务遍及全球90多个国家，拥有65000多名员工。自1802年创建以来，杜邦公司一直走在科技发展的前列，研发出了有名的特氟龙（Teflon）、莱卡（Lycra）、凯夫拉尔（Kevlar）和涤纶（Dacron）等合成材料。它生产的材料用在上千种日常家用产品上，具有不粘连、无褶皱、轻便、富有弹性等特征[2]。

在一次采访安永会计师事务所的过程中，杜邦公司的首席执行官艾伦·库尔曼（Ellen Kullman）回忆了那场可怕的经济危机。“在三个月的时间里，每个国家以及除农业以外的每个行业的商品需求都在急剧下滑，这是史无前例的。我们见识到了预想中的衰败场景，但之前没有人见到过如此糟糕的情境。”[3]忠实的顾客取消了订单，公司的部分业务销量减半，雇员们都在担心自己的前途。杜邦公司需要快速地做出反应。变革是强制性的，但如何发展却可以选择。

杜邦公司致力于科技创新，并由此经历了漫长而辉煌的发家史，库尔曼也将科技创新视作公司长远发展的条件之一。她意识到要想在

---

❶ 杜邦公司首席执行官艾伦·库尔曼（Ellen Kullman）提出的企业动荡期的四项发展原则，knowledge@wharton，库尔曼于2009年6月24日在沃顿商学院年度领导力研讨会上的演讲稿，参见网址：knowledge.wharton.upenn.edu/article/dupont-ceo-ellen-kullmans-four-principles-for-moving-ahead-during-turbulent-times/.

❷ Ellen Kullman, DuPont CEO: Women in leadership,NBR, September 16, 2011, wp.nbr.com/women_in_leadership/ellen-kullman-dupont-ceo-women-in leadership-20110916.

❸ The Science of Success: DuPont’s Ellen Kullman, EY,2012, www.ey.com/US/en/Services/Strategic-Growth-Markets/Exceptional-January-June-2012-The-science-of-success-DuPonts-Ellen-Kullman.

全球衰退中保持持续增长，就要不断地推进科技创新——将新产品投放到新市场中去。她的梦想是把杜邦公司从一个化学公司转变为一家市场导向型科技公司，通过找到科学的解决方案来满足全球不断增长的人口需要；创造出更多的能源资源，保护人们免受环境灾害的影响。[1]杜邦公司把饥荒、能源短缺和自然灾害等危机情境视作自身发展的机遇。

为此，库尔曼首先做出了艰难但却极为必要的决定——削减债务，比如资本开支减少为零。公司为销售主管提供培训，让他们亲自去拜访客户，以便与客户重新建立联系。他们为新市场重塑现有的产品，例如为中印铁路设计一款化学制品。[2]

其次，他们必须重新思考自己的商业模式，开发基于服务的客户交流模式——包括与日本电装公司（Denso Corp）合作，共同开发了一款适用于全球汽车制造业，从可再生植物中提取的高性能塑料制品，最终他们赢得了许多新业务。库尔曼对这种新的创新模式十分清楚："我们坚信这种创新的力量来自于我们与合作伙伴之间的共同努力。"[3]在墨西哥，作为"全球合作实验室（Global Collaboratory）"研究成果之一，杜邦公司与一家名为雷普索尔（Repshel）的公司合作开发了一种采用聚合物和钛白粉制品制成的，低成本但却极为坚实的建筑材料。随后，雷普索尔公司又与政府合作，在墨西哥的坎佩切市建造了价位合理的安全住房。这种合

---

❶ M.S.Whittle, DuPont CEO Ellen Kullman Discusses Market-Driven Science, Finding Sustainable Solutions to Global Challenges, UVA Today, April 2, 2013, news.virginia.edu/content/dupont-ceo-ellen-kullman-discusses-market-driven-science-finding-sustainable-solutions.

❷ R.Kirkland, Leading in the 21st Century: An Interview with Ellen Kullman, McKinsey&Co., September, 2012 www.mckinsey.com/insights/leading_in_the_21st_century/an_interview_with_ellen_kullman.

❸ Interview with Ellen Kullman, Chair of the Board and CEO DuPont, ISO, March 28, 2013, www.iso.org/iso/news.htm?refid=Ref1724.

作改善了人们的生活。[1]

杜邦公司明白单靠一个组织根本无法解决由于世界人口持续增长所引发的食品、能源供给和个人安全等方面的复杂问题，但是通过与顾客、政府和其他供应商紧密合作，就可以借助科技提供各类解决方案，从而消灭贫穷、提供可持续能源以及保护个人和环境。杜邦公司从为美国政府制造炸药起家，已经自觉地转变了自己的道德立场：从昔日被视作世界最大污染企业之一到如今成为保护环境和履行社会责任的相关奖项获得者。[2]

库尔曼发现当人们对未来很不确定时，更容易存有不同的想法。不过她知道如何掌握变革的速度，让自己的公司实现可持续发展。“如果你试图立刻改变所有人，那么任何人都不会有所改变，”她说道，“所以你必须先在某个领域或几个领域里开始转变，并向人们展示所取得的成功。”[3]

再者，第三项要素是——在最糟糕阶段过去之前，当所有人都低调行事时——库尔曼却会坚持实施一种持续性的、充满希望的开放式交流模式。她特别强调如何应对危机，不仅仅要生存下去，还要更加成功，在这一点上要保持核心思想与发展方向的一致性。杜邦公司在5个月内历经两次重组，削减了4500个职位（占总雇员的8%），强制实施无薪休假，在此过程中贵在坚守使命，重在

---

❶ 有关雷普索尔全球合作实验室和合作伙伴的详细信息，请参见 Helping to Build Affordable Homes in Campeche,

www.dupont.com/corporate-functions/our-approach/global-challenges/protection/articles/affordable-homes.html

❷ 杜邦公司的污染记录参见GM Watch, www. gmwatch, org/lastest-listing/1-news-items / 7987-dupont-on-of-the-worlds-worst-polluters-291 2002. 杜邦公司的获奖纪录参见 PR Web, www. prweb. com / releases / dupont-sustainability / corporate_responsibility / prweb 10627177. htm.

❸ 杜邦公司首席执行官艾伦 • 库尔曼（Ellen Kullman）提出的企业动荡期的四项发展原则。

彼此沟通。库尔曼继续说道："我们准备进一步精简公司团队，削减管理层，我们十分清楚走出经济萧条阴影之后的公司会收获怎样的成功。"[4]

在库尔曼的领导下，如今的杜邦公司处在一个更有利的位置，比她接任的那个时候增长速度更快，市值更高。在不确定性因素繁多的情况下，要让公司积极应对，改变自身发展方向，这需要强有力的提升性领导力。在全球衰退时期杜邦公司的利润持续增长，股票市值在2009 ~ 2014年间上涨了119%。[5]

这就是如何展现提升性领导力的问题。大家一起为生存而奋斗，也力求获得成功——完全可以同时做到这两点。要时刻记住自己的初衷，随时重塑使命；即便是在经济衰退的时候，也要与合作伙伴共同协作创新，以此迎合人们的当前需求；以市场带动业务发展，绝不能反其道而行之；不断地探索前行的道路。库尔曼提醒我们，杜邦公司始终在不断学习，"尽管世界局势动荡不安，但我们仍见证了200年间这家企业所发生的一切。200年后，我们依旧站在这里，因为我们学会了坚韧乐观，学会了如何运用科技创新，学会了如何在一个不断变化的世界里改变自己。"[6]

如果你在公司世界中无法生存下来，你就会破产。同样，如果你在体育竞技中无法获胜——你就出局了！不过，最有效的求生方法之一就是努力获得成功，远远超出所有人的预期——即便一切似

---

❹ The Science of Success: DuPont's Ellen Kullman, EY, 2012, www.ey.com/US/en/Services/Strategic-Growth-Markets/Exceptional-January-June-2012-The-science-of-success-DuPonts-Ellen-Kullman.

❺ 摘自在纽约经济俱乐部（The Economic Club）与艾伦·库尔曼（Ellen Kullman）的一次访谈，www.economicclub.org/doc_repo/Kullman%20Transcript.pdf. 2013年10月10日。

❻ Ellen Kullman, DuPont CEO: Women in Leadership, NBR, September 16, 2011, wp.nbr.com/women_in_leadership/ellen-kullman-dupont-ceo-women-in-leadership-20110916.

乎都与你作对。

2006年9月，戴夫·埃德蒙森（Dave Edmundson）——英国一家小型足球俱乐部的董事长——带领他的球员重新设定了俱乐部的目标：晋级英超联赛，这可是目前最大的，也是最具价值的全球运动品牌。这个大胆的目标就是要“成为一家挤进英超的顶级俱乐部”。❶

伯恩利足球俱乐部的目标听上去有点不自量力。伯恩利在过去的几个赛季里仅仅处于二线冠军联赛（比英超联赛更低级别的联赛）的中游水平，甚至这就是俱乐部曾经取得的最好成绩。它的工资支出和门票收入位列英冠联赛24支队伍中的第20位。这个北方工业小城隶属英格兰最贫困地区（占其中7%），❷总人口大约80000，甚至不能坐满曼联体育场。经常强调俱乐部应如何“以小博大”的俱乐部主席巴里·基尔比（Barry Kilby）和阿斯戴尔·坎贝尔（Alastair Campbell）——他曾是布莱尔首相的政治顾问，也是一位伯恩利的终生球迷——他们都相信“在某种程度上，晋级英超是绝不可能实现的梦想”。❸

---

❶ 除特别注明之外，本书给出的有关伯恩利足球俱乐部的数据、引证和资料信息及后续阐述均源自“远超预期的企业绩效”研究期间搜集到的一手资料。详见附录。

❷ 英国的贫困指数可以反映本国最贫困地区的状况。他们从一系列经济、社会和住房问题等指标中搜集数据。326个行政区按照贫困指数进行了排序，以此确认哪些地区适用于政府的特殊法案，也决定着哪些地区有资格参与资助计划，以获得额外的资金支持。有关贫困指数的讨论参见：www.theguardian.com/news/datablog/2011/mar/29/indices-multiple-deprivation-poverty-england.

2010年，根据贫困指数的整体水平排名，伯恩利区位列326个行政区的第21位，参见English Indices of Deprivation 2010:Local Authority Summaries, www.gov.uk/government/publications/english-indices-of-deprivation-2010.

❸ 引自坎贝尔于2012年11月9日对《魔力：前首席执行官保罗·弗莱彻和戴夫·托马斯的足球生涯》（英国斯基普顿：竖式排版，2012）一书发表的评论文章，参见：http://www.thefootballnetwork.net/main/s37/st179882.htm?print=1.

不到三年的时间，在2009年5月，我们与20000多位伯恩利球迷一起在伦敦新温布利球场（Wembley Stadium）见证了球队赢得英冠联赛季后赛决赛的总冠军，从而实现了它不可能实现的梦想——晋升英超联赛。印制在球迷T恤衫背部的是俱乐部的标语“敢于梦想”。

伯恩利如何实现以小博大？如何从平庸之辈跻身于体育竞技的顶级行列？它比英超所有其他球队拥有的资产，投入和资助都要少，究竟它是如何成为英超历史上来自最小城镇的俱乐部的呢？

公正地说，这家俱乐部并不是完全从零开始的或是名不见经传的，它拥有引以为荣的优良传统，是1888年英国足球联赛的12名创始成员之一。在20世纪60年代初期，伯恩利也曾获得甲级联赛的冠军（等同于现在的英超联赛）。

传统和怀旧之情是非常重要的，但并不足以延续俱乐部的成功。在接下来25年的时间里，伯恩利跌落到英国足球联赛92家俱乐部的最后一名。在1987年赛季最后一轮之前，该俱乐部位列最后一名，可能会被彻底地淘汰出足球联赛。伯恩利到了生死存亡的关键时刻。

在今天的伯恩利俱乐部的会议室里，一件裱在镜框里的球衣显赫地挂在橡木装饰的墙上。这件球衣并不属于俱乐部里进球最多的球员或最伟大的传奇式人物。这是一位名叫伊恩·布里顿（Ian Britton）的替补球员的球衣，他并不出名，球技也一般。如果没有那次名垂青史的震世之举，他的职业生涯或许会陷入停滞。尽管他是球场上最矮小的球员，也是比赛中最矮小的球员之一，但在1987年赛季最后一轮的残酷比赛中，布里顿跃过所有对手，用头顶进了制胜一球。一瞬间，布里顿帮助伯恩利俱乐部脱离了保级区，留在了英国足球联赛中。

有时，组织的行为就如同瘾君子一般：他们必须跌至谷底才会下决心做出改变。“几乎失去一切”这种情况就如同一个警钟，它代表着一项至关重要的抉择：缴械投降或奋起反抗。这就是有时在奋战之前所必须经历的绝望时刻。伯恩利这段濒临死亡的经历是长期复苏的开始：这是一场危机，它让人们下定决心，寻求改变。

今天，布里顿的球衣代表着某种异乎寻常的激励精神。它提醒着主席巴里·基尔比（Barry Kilby）和俱乐部的其他人：他们从何而来；怠慢和过度负债可能会怎样危及城市和球队的发展；在危机中不仅要为自己的命运而战，更要把它视作一种不懈的追求。在伯恩利，这件球衣是一种提醒，提醒着人们生存之战永不停歇。每一天、每一分钟都做好持续作战的准备是界定失败或成功的关键。这不是只在戏剧性冲突时刻才会爆发的战斗；这是一种即便人们已经失去了他们的合作伙伴或工作，还能燃起激情的战斗；这是一种鼓舞人们在每次失败或遭受挫折后，还能再次尝试或再接再厉的战斗；这是一种为了实现对人们来说至关重要的目标而倾尽所有时间、金钱和力量的战斗；这种战斗，不仅需要铤而走险的边缘政策，还需要坚定的决心，甚至需要从事枯燥乏味的工作。

伯恩利的梦想以及每天把梦想转化为现实的辛苦努力都源于鼓舞人心的俱乐部认同感。伯恩利最初的梦想不只是要晋级英超联赛，还要以此为起点去实现一个更大的梦想，让俱乐部的队员成为“场上场下持续跳动的心脏”。所有人都被要求穿上伯恩利球衣，尤其是在命运与他们作对的时候。

伯恩利在超过四分之一世纪的时间里衰败了下去，又用了几乎同样的时间东山再起。俱乐部谨慎地挑选历任主教练（在英格兰称作管理者），同时还有当地企业家的谨慎投资以及前青年球员巴里·基尔比——他于1998年加入伯恩利，成为新一届俱乐部主席，他们共同帮助俱乐部重新找到了自己的定位，即便在联赛中无法取得持久的胜利，也要尽量保持成绩的稳定性。

随后在2002年，电视转播收入的骤然下降，让伯恩利陷入了一场始料未及的经济危机。俱乐部瞬间损失了600万英镑，这可能让它维持不过两年，俱乐部曾一度濒临破产边缘。主席巴里·基尔比还记得当年俱乐部发现自己“身处求生的漩涡之中”“遭遇解体危机”“尽其所能应对亏损”的场景。[1]球队阵容几乎缩减至三分之一，球队的工资开支削减近一半，一切外债均被偿清，并以支付纯利息的方式重组其他债务，同时卖掉了两名核心球员……所有这些举措都有助于缓解俱乐部的经济危机，但还远远不够。

俱乐部身处危机期间，伯恩利任命前变革顾问戴夫·埃德蒙森（Dave Edmundson）为俱乐部的新任董事长。埃德蒙森即刻启动的救援策略就是自立自强。他认为俱乐部需要在比赛日销售更多的非预订票和当日票，来弥补预售门票销量下滑带来的损失，所以他通过自己步行10英里去上班的方式高调掀起了一场“与伯恩利同行”运动。同时，他也说服了150个人，请他们每人向俱乐部捐款1000英镑，他认为这种做法“已经产生了巨大的影响”。

伯恩利知道这些会提升雇员和支持者对球队的忠诚度和情感依赖。“我认为俱乐部已经跌到了谷底，”埃德蒙森沉思后说道，“目前的情况是‘好吧，孩子们，为摆脱这种局面，是时候挽起袖子，做我们该做的事情了’。”有时，这场战斗似乎是孤注一掷的，没有任何退路——例如为提高门票销售收入而发起的骑行活动、募捐活动或电话销售活动。一个8岁的小女孩向俱乐部经理送上了一小袋银币——

[1] 有关财务危机的言论引自前主席巴里·基尔比语录。

她自己的圣诞礼物——这是她对足球事业的贡献。埃德蒙森告诉我们，他至今都带着这封信并会在公开场合读给公众听。

所有的努力和决心都得到了回报。俱乐部与处在困境中的当地社区彼此间建立的合作关系与其说是一种责任，倒不如说是一种资本。运营总监布兰登·弗勒德（Brendan Flood）明白球队可能都指望着他依照承诺，向俱乐部投资，因为“他们知道我是个铁杆球迷”。埃德蒙森的继任者保罗·弗莱彻（Paul Fletcher）也决心回报球队当年的培育之恩。正如俱乐部高级管理团队（实际上同时承担着双重工作）的一名成员所说的那样，他们都“认定了这项事业”“加倍努力”并“付出了更多的精力”。

一旦伯恩利在危机中存活了下来并从外部获得了额外投资，他们就有能力在未来实现更大的梦想——并将梦想转化为现实。即便是团队里最具感召力和热情的新主帅——欧文·科伊尔（Owen Coyle），被选中的原因也是出于他为人坚毅果敢，与整个俱乐部一脉相承。他被看作是一个勇士、一个“尝试者”，他知道如何勇敢奋战，以此摆脱贫困和困境。[1]科伊尔出生于格拉斯哥贫民窟——臭名昭著的高伯区（Gorbals）的一个天主教大家庭。他工作努力、专心致志、不容易分心，一生滴酒不沾。换句话说，他是延续球队提升性领导力这一优良传统的理想人选。

“我从底层一名替补球员做起，”科伊尔回忆到，“所以我要尽最大努力工作，我知道我能成功。”科伊尔也知道绝大多数球员都像他一样从零做起。在一切诱惑和干扰面前，他时刻提醒球员牢记自己的初衷。他对“追求个人利益”的球员并不感兴趣，他要的是那种“渴望穿上伯恩利球衣”，为“穿着伯恩利球衣踢球”而感到自豪的球员。在他看来，最好的球员是支持者可以引以为荣的榜样，他们会说：“他或许在今天的比赛中没有发挥出最佳水平，但老天作证，他

[1] 有关科伊尔性格个性的评论引自前运营总监布兰登·弗勒德语录。

已经很努力了。”

科伊尔并没有把各种战斗和尝试都看成是顽强的生存行为，而是视作成功的驱动力。他和他的教练团队都是充满激情、能激人奋进的领导者。他们相信自己，相信球队，相信他们共同追求的目标。球员们向科伊尔如此激情的投入致以崇高的敬意。他们讲述了科伊尔“如何信任他们，视他们为独特的个体，也视作一个团队”。俱乐部是“一个快乐的大家庭，我们在比赛中充满了活力，心情愉快”。[1]

灵感加上决心，让球队在英超中赢得了一席之地。尽管到了赛季中期，窥探已久的竞争者们挖走了科伊尔和整个教练团队，导致球队在赛季末时降级至英冠联赛（英格兰第二级别足球联赛），不过俱乐部最终还是带回了因取得英超联赛资格而获得的100万美元奖金。这种精于投资和努力工作的企业文化——再加上2012年10月30日新任命的另一位主帅——这些足以让伯恩利的成功延续下去。新主帅肖恩·戴彻（Sean Dyche）也同样知道如何激发人们的斗志，磨砺顽强的意志，他信任团队中那些收入微薄的球员，也同样给予他们直接的指导，彼此坦诚相待。一名极其圆滑的俱乐部球员，以往他常以自己的健康状况和态度相要挟，这在俱乐部里是出了名的。在戴彻来之前人们都在盛传——他是何等的“道德卑劣”。戴彻运用他的“人际关系管理”技巧，与这名球员直言相对，又给了他一次在球场上发挥创造性潜能的机会。[2]在2014年本书付梓之际，这家俱乐部再一

---

❶ 这些观点原是科伊尔任职期间，伯恩利球队的主力队员之一韦德·埃利奥特（Wade Elliott）所说过的话。参见Geldard,S., Owen Coyle's 2nd Anniversary at Burnley: Gaffer Lets Us Express Ourselves, Says Elliott, Lancashire Evening Telegraph.

www.lancashiretelegraph.co.uk/sport/4741157.Owen_Coyle_s_2nd_anniversary_at_Burnley_Gaffer_lets_us_express_ourselves_says_Elliott/. 2009年11月18日。

❷ S.Geldard, I Owe Dyche So Much, Says Burnley Winger, Lancashire Telegraph, 2014年1月18日. www.lancashiretelegraph.co.uk/sport/football/burnley_fc/news/10946616.I_owe_Dyche_so_much_says_Burnley_winger/.

次晋级英超联赛，大大超出了所有人的预期。

## 4. 结论

如果梦想是对达到某种预期目标的展望，那么即便它们不太可能实现或过于遥远，也足以对一个组织或团队的身份予以再次肯定。这些梦想再次展现和定义了组织或团队曾有过的最佳状态，并以此作为创造美好未来的一个跳板。那些不能做到这一点的团队或许无法想象自己将来会变成什么样子，因为他们并不曾真正了解自己的过去和现在。

以菲亚特、伯恩利和加州教师协会为例，提升性领导力绝不仅仅取决于某一个目标或某一些目标。高绩效和卓越绩效之间的差异可以归结为成员对组织价值观、愿景和核心原则的认同度与信任度的差异。在卓越的公司、团队和群体中工作并不仅仅代表着一份职业，更代表着一生的选择。这不仅需要大胆的想象力，也需要坚韧的决心——持之以恒的意愿，排除万难，追求大家共同希望实现的梦想。

接下来我们将看到从1992年高失业率的经济大萧条中走出来的芬兰人，如何建成了世界上最高效的教育系统和最强大的经济实体。他们用一个词语来概括斗志和坚韧这种提升性品质——sisu。这个词语，是民众普遍认可的一种民族特质，它意味着排除一切困难，坚持到底。在一场严冬过后，或共同经历了一场重要的战斗之后，芬兰人之中流传着这样一种说法："这很艰难，而且持续时间很长，但我们仍坚持了下来。"

你和你的组织有sisu吗？你能坚持下来并战胜一切吗？因为最

终，sisu是持久战的决定性因素，它能让梦想成真。当思潮涌动时，那个你未曾期望但却最应该去的地方就是创新和创造力涌现的地方。正如我们将会在下一章看到的那样，如果不会自律，没有坚持到底的决心，那么绝大多数的创造性尝试都将一无所获。

# 第二章

## 创造力与逆思维

亚历克斯·古恩、科里·斯通·约翰逊、黄博智
Alex Gurn, Corrie Stone Johnson, Pak Tee Ng

创造力源自一种观念的冲突

——多娜泰拉·范思哲（Donatella Versace）

### 1. 反其道行之

一旦你明确了目标，也知道有些人与你目标相同，同时做好了准备，要与你一争高下，那么此时你会怎么做？你会沿着面前旧时的来路，跟随竞争者的脚步前进吗？还是会选择一条不同的，甚至是截然相反的道路前行？罗伯特·弗罗斯特（Robert Frost）曾在他最著名的诗歌——《未选择的路》中对此有所提及。[1]

在《弱者如何赢得战争》一书中，波士顿大学教授伊凡·阿雷西·托夫特（Ivan Arreguin Toft）论证了当战力较为薄弱的军队凭借极大的优势战胜对手时，接下来会发生什么。[2]他说，战斗力强的

---

❶ 弗罗斯特出版的著作中不乏经典之作，例如参见R. Frost, The Road Not Taken and Other Poems, Mineola: Dover Thrift Editions, 1993.

❷ I.Arregui'n-Toft, How the Weak Win Wars: A Theory of Asymmetric Conflict, Cambridge, UK: Cambridge University Press,2005.

军队通过照搬竞争对手的策略和压制一切反对势力来赢得战斗的胜利；但战力较弱的军队却运用了一些连他们的对手都无法预料到的非常规性的策略，赢得了战斗的胜利。当美国的殖民地居民拒绝统一着装，不敢公然站起来反抗那些穿着红色军服的英国大兵，甚至在强大的敌人惨遭溃败之际，自己却还穿着平常的衣服，躲在树后面时，美国又向独立迈进了一大步。

在本书的引言部分，我们看到在物理学领域，最初有关升力或提升的空气动力学概念同样有悖于常理。世界上最大的客机——重量超过500万磅，它如何满载着乘客，成功起飞？要想做到这一点，就需要借助各种飞行方式，当然要用到人类的飞行技术。简言之，这需要让机翼上方的空气流动速度比机翼下方的空气流动速度快。当发生这种情况时，下面的空气压力就会超过上面的空气压力，从而让机翼抬升起来。如果空气的移动速度足够快，压力差足够大的话，就会带动满负荷的飞机起飞。因此，速度恰当，机翼倾斜角度恰当，这些都有助于飞机逆风起飞，而并不仅仅是实现顺风航行。空气的流动就是起飞的秘诀，它让巨大的金属制品飞上了天空。

时刻准备对抗主流，“逆风而行”的组织实现自身突破并不是依靠随波逐流的方式，更确切地说是采取了与大众主流相对抗的行为或是一种迂回战术。提升性领导力是一种大胆的、具有创造性的、从本质上说有悖于常理的行为。它允许大家相互争论和存在分歧。提升性领导者发现反抗力量也是能量的来源和学习的动力，他们期待着有机会去利用这种能力。

提升性领导者知道当他们浮出水面呼吸空气时，他们必须先呼气。他们加速穿过拐角，驶入滑行轨道。在面临危机、物资匮乏或威胁的时刻，其他公司都在收紧业务，而他们却在扩张；他们会主动出击而不是随波逐流；他们会与竞争对手联合起来，而不是争夺不断减少的资源来对抗竞争对手。他们经过深思熟虑所做的事情与别人对他们的期望大相径庭。当提升性领导者直面这种违背常理的挑战时，他们进入了罗宾逊爵士（Sir Ken Robinson）[1]所描述的那种“如鱼得水”之境地，他们怀着满腔热情，一门心思地追求着自己梦寐以求的东西。罗宾逊认为这个“地方”是“天赋与激情的交汇点，是他们的认同感、目标和幸福的根本所在”。[2]那些为实现更大的目标而成功选择颇具创造性和违背常理路径的提升性领导者都是他们所在领域的领袖，他们也同样成功地让他们的追随者找到了适合他们的“地方”。

## 2. 事与愿违

一家企业需要极大的勇气和胆量与其他竞争者背道而驰，不过这正体现出创新和企业家精神的本质——发现竞争者已错失的良机，采用没有任何人看好的计策。一些组织可能只看到了月牙，而其他组织却看到了整轮月亮。违反常理的思想其关键并不在于与自身相违背，而是看到了一些重要的，但却被其他人所忽视的东西，同时抓住机遇，积极加以探索和利用。

美国人偏执于汽车的大小和动力，但这实际上却会带来不可估量的风险，所以菲亚特决心让大多数美国公众改变观念，去使用高效率的小型汽车。在世纪之交，当芬兰电信巨头诺基亚拒绝开发其他创新者都在研究的触屏技术时，它在移动电话技术和销售领域已是世界的

[1] 是国际公认的开发创造力、人力资源方面的领导者。（译者注）

[2] K.Robinson, The Element: How Finding Your Passion Changes Everything, New York:Penguin,2009,21.

引领者——在移动电话设计师弗兰克·纽沃（Frank Nuovo）的记忆中："所有的用户测试结果都表明这样一个事实，即没有人需要触屏手机。"随后"苹果迅速开发了App"。[1]苹果公司研发的苹果手机已不仅仅是一个交流工具，与销售手机相比，他们从应用程序的销售上获得了更多收益。同样的，当（咖啡吧）主要选择性产品是黑咖啡或加奶咖啡、速溶咖啡或煮咖啡时，星巴克决定重新界定咖啡市场，它并不局限于现有客户的咖啡产品购买选择，它要创造更广阔的需求领域。[2]

尽管在我们的研究中并没有直接调研过咖啡零售商，但我们确实考察了在另一种大众化饮品——啤酒生产过程中的非常规性思维。有两家规模极大的啤酒酿造公司——米勒康胜（MillerCoors）和百威英博公司（Anheuser-Busch InBev）——他们控制着美国近乎80%的市场份额。[3]就公司层面而言，啤酒的生产是两大竞争性集团的经营核心。在20世纪90年代中期，一个名叫萨姆·卡拉卓尼（Sam Calagione）的人决定与这两家公司较量一番。

为了养活自己，萨姆一边研究，一边在纽约上西区的一家餐厅担任服务员，他了解到了一些可替代精酿啤酒的产品，并对此极为痴迷。在他的小公寓里，他为几个朋友调制了一种饮品，他们都很喜欢这种饮品的味道。萨姆继而在特拉华州（位于美国东部）的弥尔顿创建了一家公司，设有餐厅和啤酒厂，萨姆作为企业的创始人闻名于

---

❶ 参见与之前任职于诺基亚公司的法兰克·诺佛 (Frank Nuovo)先生的一次访谈，发表于《金融评论》。P. Smith, The Nokia Insider Who Knows Why It Failed Warns Apple It Could Be Next, Financial Review, September 6, 2013 www.afr.com/p/technology/next_nokia_insider_who_knows_why_Z8at1lqZLp3mAutUO0ye0H.

❷ 参见J. Michelli, The Starbucks Experience: 5 Principles for Turning Around the Ordinary into the Extraordinary, New York: Mc Graw-Hill,2007.

❸ 参见P.Howard and G.Ogilvie, Concentration in the U.S. Beer Industry, 2011, www.msu.edu/~howardp/beer.html.

世。他以地名角鲨头（这是他小时候曾经度假的地方）为啤酒命名，其名字显得十分古怪，但却让人印象深刻。

尽管只是起步阶段，但萨姆还是梦想着最终能推出一个全新的全国知名品牌，从而改变人们对啤酒的认知。如今，角鲨头工艺酿酒厂（Dogfish Head Craft Brewery）已是美国最成功的独立酿酒厂之一。2008年，在众多顶级工艺酿酒公司中，按销量计算该公司位列第22位。[1]在过去的10年里，该公司平均年收入增长率达到40%，相比之下，美国啤酒行业整体的平均增长率仅为2.1%。[2]

不管怎么说，这一切不仅仅反映了增长状况，也进一步说明了角鲨头受人追捧的程度。美国《纽约客》（The New Yorker）杂志和《探索频道》（Discovery Channel）都对啤酒公司及其首席执行官萨姆·卡拉卓尼进行了报道，并有名为《啤酒战争》的长片电影以及高调宣传的一些畅销书（其中包括最畅销的图书《酝酿一个企业》）为其宣传。[3]

角鲨头获得如此非凡成功的关键就在于公司钟爱啤酒，也热衷于创新，并且具备一种能力，能借助严明的——但不会太过苛刻的——组织性和纪律性对创新性思维和行为予以协调。角鲨头公司这种“为

---

❶ 除特别注明之外，本书给出的有关角鲨头工艺啤酒公司的数据、引证和资料及后续阐述均源自“远超预期的企业绩效”研究期间搜集到的一手资料。

❷ 有关产量、市场占有率及其他相关指标的对比统计数据均源自美国酿酒商协会《2009年工艺酿造统计资料》，可查阅 www.beertown.org/craftbrewing/statistics.html（2009年8月17日）。

IBISWorld, Beer Production: U.S. Industry Report. 可在网址 www.ibisworld.com 在线查询。

❸ 参见 B. Bilger, A Better Brew: The Rise of Extreme Beer, The New Yorker, November 24, 2008, www.newyorker.com/reporting /2008/11/24/081124fa_fact_bilger.

萨姆·卡拉卓尼出版的著作，请参见 S.Calagione, Extreme Brewing: An Introduction to Brewing Craft Beer at Home, Beverly, MA: Quarry Books,2012;

Calagione, S., Brewing Up a Business: Adventures in Beer from the Founder of Dogfish Head Craft Brewery, Hoboken, NJ:Wiley,2011.

另类研制另类啤酒”的方式是一种有悖常理的生活观，与现行潮流相违背。角鲨头的目标并不是要击败两家最大的啤酒公司，进而占据市场主导地位，它赋予了“成功”与众不同的含义。这是一个并不仅仅属于萨姆的梦想。角鲨头人力资源开发总监辛迪·休斯顿（Cindy Houston）告诉我们：“我相信这个梦想一定能实现。”有很多人都有辛迪这样的信念。角鲨头已经改变了人们对啤酒行业的整体印象，并在以标准化和同质性为特征的市场上展现出了惊人的创造力。

然而，萨姆·卡拉卓尼从一开始就忽略了一个关键的事实：在特拉华州酒吧出售自制啤酒是不合法的。所以，他不得不与州政府进行抗辩，并成功地游说当地通过了一项法案，允许餐厅销售自家酿造的啤酒。最终，这个开端变成了一个伟大的“奇迹的开始”，他告诉人们自己曾经如何载着啤酒越过州境线，这么做只是为了开设一家出售自制啤酒的酒吧，并让酒吧运作起来。

角鲨头创建的早些年间厄运连连。当公司尝试性地小批量酿造独特啤酒时，萨姆仅能依靠食品收入勉强维持生计。为了节省成本和专注于酿造啤酒，他经常睡在啤酒厂后屋的床垫上。设备有限，很多都是从其他企业报废的设备中拼凑出来的——这意味着他不得不每天酿造多个批次的啤酒。但是自酿啤酒的小规模化被证实有着一种独特的优势：这意味着萨姆可以开展实验和极富创新性，但却不会遭受太大的损失。如果一个批次的啤酒是美味的，那么顾客就会表示认可——萨姆就会多酿造一些。如果这个批次并不成功，花费也不是太大。

萨姆的酿酒团队提出了一种之前从未考虑过的策略，即将配料放入啤酒中——只是为了了解一下这些配料会怎样影响到口味。角鲨头啤酒中通常包含一些不同寻常的材料，例如藏红花、芬兰的杜松子、南极水等。酿造出来的那些奇特啤酒刻意且大胆地无视着那些根深蒂固的老传统。

然而，出于对日后创新口味的考虑，角鲨头也把创新和过去的酿酒历史联系在了一起。利用从一位考古学专家那里所获得的有关古埃及草本植物的信息，角鲨头创建了一种称作“点石成金”的啤酒品牌，其灵感取自2700年前迈达斯国王的古墓里所发现的一种饮料。另一个角鲨头品牌贾湖城（Chateau Jiahu）源自一种有着9000年历史的中国酿酒，这是一种最古老的、闻名遐迩的酒精饮料。

无论是受到过去的古老酿酒配方的启发，还是取自当前特殊配料的灵感，角鲨头那异乎寻常的酿酒过程都将啤酒和啤酒市场推向了高潮。这种与潮流相悖的方式对于啤酒制造商而言是一种极大的乐趣，也是公司的优势所在。尼克·奔驰（Nick Benz）管理着公司的账户并负责质量监控，他要了解究竟公司怎么做才能让人们兴奋地尖叫：“哇，看他们做了什么！”同时，他认为，啤酒和公司本身“依旧古怪、时尚”，这深深吸引着人们。他说：“人们往往被与众不同的事物所吸引。”在他眼中，这并不仅仅是“因为存在差异而不同”，而是因为“真正的内在价值是不同的”。

不过事实上，选择配料并不是一个随意、杂乱无章的过程。正如尼克所强调的那样，并不是出于配料的特殊性和融合性，才把它们混合装入瓶中，而是它们可以增强客户对这种风格迥异的啤酒的饮用体验。角鲨头把配料的选择建立在基础研究和先验知识的基础之上，并采用了一种有条理、有计划的酿造过程。例如，萨姆和酿酒师研究了各种特殊类型的水果和酵母粉的糖性，以此鉴别出哪些能成为不同口味啤酒的配料。此时，想象性创造的“软过程”与严谨性研究的“硬数据”实现了完美结合。

尼克·奔驰意识到了差异化所带来的风险。他是第二个萨姆·卡拉卓尼，他把自己定位为卡拉卓尼“背后的那个人”，是富有传奇色彩的傀儡。萨姆爱开玩笑，且富有叛逆精神，高中时期就被学校开除了。他古怪的性格造就了这家公司，他希望他身边的人也同样具有稀奇古怪的性格。

在角鲨头，到处都可以感受到萨姆那颗未泯的童心。我们采访过的所有员工都能在工作中保持兴奋的状态。公司鼓励员工去玩，要玩得尽兴，富有创意。萨姆的妻子，即公司的副总裁玛利亚·卡拉卓尼（Mariah Calagione）把角鲨头的这种氛围称为“可控的混沌状态”，这是因为平日里会有一些看似失控的事情发生。不过她坚信这是有积极意义的，因为这可以确保团队保持自身的独特性。

但是如果周围人都认为你性格古怪，他们就会越来越疏远你，有时这种状况会让你无所适从。最终，角鲨头的独特个性也会因组织和效率问题而有所转变。

这就是管理专家吉姆·柯林斯（Jim Collins）所提出的“训练有素的创新”[1]和其他很多人一样，柯林斯明白绝大多数的创新实际上都是失败的。成功的创新并不仅仅是抛出一些疯狂的想法和抱以乐观的态度，或是一旦遭受挫折或失去兴趣就将这一切都抛弃。柯林斯认为成就卓著的创新者都是自律的。他继续说：“最难完成的伟大任务就是将高强度创新和严明的纪律相融合，从而提升创造力，而不是摧毁它。”[2]

这就是为什么角鲨头公司董事会联合玛利亚·卡拉卓尼，一同向萨姆施压，要其放弃啤酒厂的财务监管权力。尽管萨姆擅长招揽生意，还扩大了公司的收入来源，但他未能有效地管理好公司的内部收益——下面是他承认自己的错误时所说的一段话：

---

[1] J.Collins and M.T.Hansen, Great by Choice, New York: Harper Business, 2011.

[2] Collins and Hansen,78.

因为我不善于（经营）这些方面的事务，所以即便公司在持续发展，我们也很难再挣到什么钱，因此需要公司的董事会、玛利亚以及一些比我更精明的人来负责业务运营的成本管理问题，他们对我说："萨姆，你在提升公司收益方面首屈一指，但你要相信我们（来掌管）会做得更好，更有效地关注费用支出问题。"

尼克·奔驰对这方面掌控得很好。当他刚来时，角鲨头的公司氛围轻松且特别——但灌装生产的失败率却高达30%，许多工人缺乏技能，并不能胜任本职工作。此外，各种状况频发，例如以冲刺般的速度将啤酒运抵经销商处；在年中的关键时刻出现产品供应不足的现象；出厂的啤酒质量检查不过关等等。在奔驰的记忆中，这种生意毫无"兴奋"可言。

因为尼克和萨姆所持的观点截然相反，所以他们不会立即互生好感。萨姆是一位行为古怪，提倡打破传统观念的革新家，而尼克则拥有卡内基梅隆大学的工商管理硕士学位。萨姆是一位极富叛逆的作家，而尼克是一位工程师。不言而喻，他们的组合绝不是完美的天作之合。不过渐渐地，他们每个人都了解到了彼此的价值所在。正如尼克回忆的那样：

我用了18个月的时间，与萨姆在最愚蠢的小事上相互争辩，我告诫他并不是每一件事都需要如此疯狂、行为乖张、无视纪律（或）杂乱无章——他所做的每件事都应该遵循某些规则。不过同样的，我的思考方式也应该减少些条条框框。我们的立场完全不同，但我们会避免相互冲突，并在整体组织中做到：彼此相互尊重，相互理解对方的言行举止。

尼克和萨姆创建了一个"设计合理、执行有效"的新型灌装厂。现如今，据尼克所说："实际上，你的脑海中不会出现太多的干扰声，你完全可以想象你正在做的事情。"角鲨头对公司自身和其他有着类似定位的啤酒厂进行了比较，发现在工资和福利方面，公司位列行业的后三分之一。玛利亚还记得他们是如何引进人才来管理餐厅，直到把他们榨干，直到他们离开公司。现在，她会说："角鲨头待遇很高，已经投资创建了一整套商业管理模式。"

人员招聘和安置流程变得更加专业化，会计系统也是如此。企业安装了新的数据导入系统，能即时给出准确的、详细的公司成本图，以此指导公司的商业决策。尼克·奔驰把公司更为缜密的策略总结为："一个囊括三要素的改进方法——关注好人、好主意和好决策。"

（这样做的）一个结果就是萨姆可以集中精力做他最擅长的事情：展现公司超乎寻常的一面，让富有冒险精神的啤酒消费者注意到这一点。"我知道对于公司而言，我更像是一位既信仰福音主义，又具备说教能力的啦啦队队长，"萨姆解释说："我现在更多关注的是那些能激发工作激情的事情，那个曾经因公司缺乏足够资金，难以招聘到公司所需人才的时代已经过去了。"

角鲨头啤酒厂依旧保持着自身的怪异个性，但在公司极为前卫的表象（这吸引着狂热的消费者）下，却有着固定的组织结构和稳定的业绩，由此将整个业务融合在一起。尼克·奔驰得出一个结论："萨姆是一个有想法的人，而我是将这些想法变成现实的人。"尼克解释说："那些固执的精酿啤酒消费者，行为极为复杂多变。如果他们认为你太过于自大，你就等于背弃了公司——当你开始这么做时，你就已经疏远了那些固执的啤酒爱好者（因为，他们太了解你了）。所以我们充分意识到公司的品牌理念与萨姆的想法正好不谋而合——时尚、年轻、充满活力、不拘一格、跟着感觉走、看似混乱无序，甚至近乎无政府主义。不过在公司内部，我们却是一个彼此配合默契的组织。”

角鲨头啤酒公司的思想和行为都有悖于常理，它必须努力推动新立法的颁布，才能让公司的理念付诸实现。公司创始人最早在他的库房里酿造的啤酒，甚至连他的朋友们都没想过会喜欢上它。角鲨头采用的啤酒配方是任何人都不曾想到的。角鲨头用产品把顾客吸引过来，而不是把产品强行推销给他们。在极富创新性和毫无章法的外表下，公司的产品开发流程和提升经营效率的模式却是极为严谨的，在保持其“怪异”本质的同时不断地推出高质量产品，以此扩大消费者群体。最后，萨姆意识到作为公司的正式领导者和主要负责人，他并不需要亲自处理所有事务，明智的做法是让那些行为与自己同样怪异的人围在自己身边（为他做事）。所谓高绩效领导力，就是要认清你的弱势和强势；就是要把权力下放给那些能更好处理这项事务的人；就是要打造一个团队，打破现有的责任限制，即便他们古灵精怪，也照样会延伸你的优势。

当你做了一些意想不到的事情，从无到有创新事物，或与其他人背道而驰时，你可能会经历很多次失败。为了实现成功，角鲨头公司经受了一次又一次的失败，但他们依然意志坚定、严于律己，最终获得了成功。詹姆士·戴森爵士（Sir James Dyson）也是如此。他设计的吸尘器——戴森，现如今是一个家喻户晓的品牌，它彻底改变了家务料理模式，这并不是把令人作呕的污垢藏在一个不透明的袋子里，而是要营造一个有趣的场景，让污物飞入一个透明的容器中。不过在他开发出一个成功的原型之前，戴森所生产的5126个产品都失败了。他“向所有人请教”。[1]戴森建议其他的创新者：“你应该钦佩那些坚持不懈、跋涉万里，最终到达目的地的人。”[2]

汤姆和大卫·凯利（David Kelley）两兄弟是引领“创意思维”的艾迪欧公司（IDEO）的创始人。他们从自身富有创造性的工作中得出结论：要想战胜困难，你不仅要面对和克服你的恐惧心理，还必须要找出问题出在哪里，并在下一次做得更好。他们说：“如果你没有这么做，你就有可能在未来重复犯错。”[3]

在大多数领域，仅仅开发出奇特的新事物是远远不够的，更重要的是这些新事物能够发挥作用，让那些使用它们的人过得更好。有一句谚语是这样说的：“当我失败的时候，我学到了更多的东西——我要再试试看。”这句话可能就部分地解释了什么是规范性创新，而你是如何努力的（如何失败的）以及你多久尝试（或失败）一次，这是你取得创新成果的秘诀。

## 3.少教多学

改进和创新是改变现状的两种不同方式。一方面，改进是提高你正在从事的工作的效率，并加大投入力度，从而让其变得更好，这需要更努力地工作、延长工作时间、消除误差，促进团队的有效合作等；另一方面，创新需要你彻底地改变游戏规则，在这种情况

---

[1] C.Salter, Failure Doesn’t Suck, Fast Company, May, 2007, www.fastcompany.com/59549/failure-doesnt-suck.

[2] Failure Doesn’t Suck.

[3] T.Kelly and D.Kelley, Creative Confidence: Unleashing the Creative Potential Within Us All, New York: Crown Publishing, 2013, p51.

这种失败的方式被约翰•麦克斯韦尔（John Maxwell）称之为“转败为胜”。参见：

J. Maxwell. Failing Forward: Turning Mistakes into Stepping Stones for Success, Nashville, Thomas Nelson,2007.

下，你需要做一些全新的改善工作。当铁路取代了驿站马车、喷气发动机取代螺旋桨、录像带扼杀了广播歌星[1]之时，正是颠覆性创新压倒渐进式改革之时。正如亨利·福特（福特公司创始人）所说的那样："如果我询问人们需要些什么，他们可能会说需要更快的马。"[2]

改进和创新之间存在着一种矛盾关系。当你在同一场竞技游戏中已经取得了很大进步时，你就需要改变游戏格局，做一些完全不同的事情了。企业开始出现绩效下滑趋势之前，并不一定处于巅峰状态。当绩效下降时，这种情况就会发生，但数字还无法显示出来。这就是变革的悖论。你必须知道什么时候选择放弃，放弃那些成功背后的东西，并大步向前走。[3]

接受这种悖论的其中一个国家就是那个小小的岛国新加坡。当1965年新加坡脱离马来西亚，建立独立政权的时候，它只是一个小小的前英国殖民地，仅拥有100万民众——一个第三世界国家。自然纪录片之父大卫·艾登堡（David Attenborough）把新加坡描述成"只有一排排低矮的平房"。[4]在一个半世纪的时间里，在总理李光耀坚定不移的领导下，地图上的那个小红点——正如前印度尼西亚总统所描述的那样——实现了它激动人心的梦想，即发展成为一个最具经

---

❶ 特雷弗．霍恩（Trevor Horn）、杰夫·唐斯（Geoff Downes）以及布鲁斯·伍利（Bruce Woolley）在1978年写的一首歌《录像带杀死广播歌星》(Video Killed The Radio Star)，1979年环球唱片公司推出了由The Buggles乐队演唱的这首歌曲。

❷ www.forbes.com/sites/erikaandersen/2013/05/31/21-quotes-from-henry-ford-on-business-leadership-and-life/.

❸ 支持这种观念的，其中最著名的就是彼得·圣吉的组织学习理念。参见 P.Senge, The Fifth Discipline: The Art and Practice of the Learning Organization, New York: Doubleday, 1990.

❹ 参见安娜·沃曼（Anna Warman）与大卫·爱登堡爵士有关1954年出访新加坡的谈话记录。www.warman.demon.co.uk/anna/att_int.html.

济活力的发达国家。❶

截至2011年，新加坡人口超过500万（接近美国一个州的大小）。❷它的人均国内生产总值GDP位居世界前十位。❸2010年它的经济增长速度十分惊人，达到近乎年均15%，2011年仍保持在5%（相比美国和英国少2个百分点）。❹根据2012年经济合作与发展组织开展的国际学生数学能力（PISA，国际学生评估项目）测试结果来看，新加坡学生的学业成绩最为突出。❺它在受人们高度关注的数学和科学测试中也同样保持着高水准。❻此外，截至2014年，新加坡已连续四年在竞争激烈的亚太地区最为著名的国际学士学位考试中拔得头筹，有相当比例的学生获得了满分。❼

---

❶ 除特别注明之外，本书给出的有关新加坡教育系统的数据、引证和资料及后续阐述均源自安迪•哈格里夫斯(Andy Hargreaves)和新加坡国立教育学院黄博智(Pak Tee NG)教授在组织高绩效相关问题研究期间搜集到的一手资料。2011年安迪•哈格里夫斯做访问学者期间开展的这项研究工作得到了国立教育学院的鼎力支持。

❷ 就人口规模而言，新加坡与科罗拉多州和明尼苏达州相类似。不过，新加坡的地理面积却远远小于这些州，人口密度更接近于洛杉矶和纽约的部分地区。了解新加坡的人口统计数据，可查阅www.singstat.gov.sg/statistics/latest_data.html#14;美国的相关数据可查阅www.census.gov/.

❸ 新加坡的人均国内生产总值位居世界第五位，参见Index Mundi, Country Comparison: GDP per Capita,2011, www.indexmundi.com/g/r.aspx?t+10&v+67&1=en;.

❹ 2010年，新加坡的GDP年均增长率达到20%的峰值，且多年来一直维持在15%。参见Trading Economics, www.tradingeconomics.com/singapore/gdp-growth-annual.

❺ 从2012年PISA测试结果来看，新加坡的学生表现最佳，所获成绩仅次于得分最高的区域——上海。PISA测试结果可查阅www.oecd.org/pisa/keyfindings/pisa-2012-results.htm.

❻ 最著名的案例是2012年新加坡在国际数学和科学趋势研究中再次成为表现最佳的两个国家之一。参见www.moe.gov.sg/media/press/2012/12/international-studies-affirm-s.php.

❼ 新加坡的英华中学(Anglo Chinese School)多达32人获得了满分，几乎占据了全球获得45分满分的参赛候选人的一半。参见：www.straitstimes.com/breaking-news/singapore/story/singapore-comes-out-tops -the-fourth-year-international-baccalaureate-e;

www.straitstimes.com/breaking-news/singapore/story/32-acs-i-students-attain-perfect-scores-ib-exam-20140106.

有关国际学士学位的更多资料，请参见www.ibo.org/facts/statbulletin/dpstats/index.cfm.

早在20世纪90年代，新加坡就已在该领域取得了骄人的成绩，而新加坡经济的繁荣昌盛也在很大程度上归功于全国各所学校取得的成就。20世纪80年代到90年代初，新加坡就已经通过引入标准化考试、高度统一的管理模式、设置公共课程体系、激发学生之间和学校之间的竞争等手段来提升教育水平。❶东方儒家哲学和英国殖民历史相融合，创造了一种高期望、努力工作、尊师重道、坚持不懈、纪律严明、忠诚和富有竞争精神的文化。西方许多国家都在试图效仿这种做法，且如今还在这么做。

不过，就在西方开始效仿新加坡及其他教育发达的亚洲国家的做法时，这些国家却在朝着不同的方向发展——更注重培养课堂学习中的创造力，减少对课堂内容的集中控制，促进学校之间的合作，并由此带动学业成绩的提升。❷也许你会奇怪，为何会有这样的转变？教育策略彻底转变的主要原因就在于经济竞争力。

20世纪90年代初，东南亚经历了一场巨大的金融危机。❸像新加坡这样发展迅速的经济实体，通过为西方的新式产品生产零部件或组装产品，其电子制造业得以迅猛发展起来，但数码产品的出现却对众多东南亚国家的电子行业构成了致命的威胁，其中

---

❶ 要从政策角度广泛了解新加坡的经济和教育成就，以及发展的总体情况，请参见：M.Mourshed, C.Chijioke, and M.Barber, How the World’s Most Improved School Systems Keep Getting Better. London:McKinsey,2010.

OECD. Lessons from PISA for the United States, Strong Performers and Successful Reformers in Education(OECD Publishing,2011),doi:dx.doi.org/10.1787/9789264096660-en.

M.S. Tucker, Standing on the Shoulders of Giants: An American Agenda for Education Reform, Washington, DC: National Center on Education and the Economy, 2011.

❷ 对美国和亚洲截然相反的教育趋势展开研究的一位美国著名学者——赵勇教授，《追赶还是开创》（Catching Up or Leading the Way）（弗吉尼亚州亚历山德里亚：课程开发与管理协会，2009）.

❸ 参见 Ten Years On: How Asia Shrugged Off Its Economic Crisis, The Economist, July 4, 2007, www.economist.com/node/9432495.

就包括新加坡。新加坡政府一时不知所措，他们下定决心确保这种情况绝不会再次发生。新加坡领导人意识到他们的国家需要构建灵活的、高绩效的新兴知识经济体系，要让他们的国民具备各项技能，以适应全球经济的需要，并随之变通。变革开始的地方——实际上，对于一个缺乏自然资源的小国家来说，唯一的地方就是教育领域。

新加坡意识到本国的学生不应该死记硬背课本的内容，而是需要学会如何创新、运用知识去解决陌生的问题、批判性的思考那些出现在他们面前的信息。新加坡不需要那些只能讲授指定课程的、能力平庸的老师，而是需要吸引高素质的教师，向他们提供与工程师等同的起薪。他们不需要学校参加各种我输你赢的竞技比拼，以此保守其成功的秘密，而是需要各类学校为了整个国家的利益，共同分享知识。这是20世纪90年代初期至中期新加坡采取的策略，但却未必适用于21世纪。

带着这些想法，新加坡总理吴作栋（Gohchok Tong）描绘了国家的新愿景——保持灵活性和创新性，并提出了“思考型学校，学习型国家”如此鼓舞人心的口号。这个新的发展方向意味着培养“有思考能力和保持忠诚性的国民”，这些国民将推动着国家走向更具活力的未来。[1]

7年以后，教育战略演变成了一种自相矛盾的名为“少教多学”的倡议号召。在2004年国庆群众大会演说里，新加坡总理李显龙（Lee Hsien Loong）明确表示：“我们需要少教学生一些，这样他

---

❶ C.T.Goh, Shaping Our Future: Thinking Schools, Learning Nation. Speech by Prime Minister Goh Chok Tong at the opening of the 7th international conference on thinking on Monday, June 2, 1997, at the Suntec City Convention Centre Ballroom, Singapore.

也可参见www.moe.gov.sg/media/speeches/1997/020697.htm, 2011年9月25日。

们就能学得更多。”[1]他希望孩子们时刻做好准备“迎接人生的各种考验”，而不是时刻准备着迎接各类测试。[2]如果孩子们想要成长为创新型人才，那么他们的老师就必须擅长创新。所以国家采取了各种措施，让教育家可以占用大约20%的在校时间去设计自己的课堂教学，融入自己的课程内容。与此同时，国家将各类学校集中组织起来，促进彼此间相互学习。

提倡“少教多学”的目的并不仅是为了获取更高的考试分数，还有助于培养学生中的高素质人才。这项政策强调了这样一个事实，即如果老师只是频繁地向学生灌输更多的东西，那么学生就很难学到真本领。“少教”这种方式并不是降低标准或做更少的工作，这其中包括找到真正吸引学生的是什么；对现实问题予以解释，鼓励他们投身其中，并激发学生的想象力；安排他们的学业，让他们批判性地思考问题，并自发彻查问题本身——而不是从前面的课程中，直接得出答案。

“少教多学”的影响显而易见，一些新加坡的学校开始运用数字化技术和网络技术促进和激励学生自主学习。[3]其中的一所学校，义安中学（Ngee Ann Secondary School）在1995年就已经开始采用“思考型学校，学习型国家”这种做法了。在15年里，该学校在科技教学方面已经成为全国乃至世界的引领者。乔治卢卡斯基金会（George Lucas Foundation）和经济合作与发展组织（Organization for Economic Cooperation and Develo-pment）

---

[1] 新加坡教育部，少点教条，多点学习，2005. 参见网址www3.moe.edu.sg/bluesky/print_tllm.htm, 2009年4月20日。

[2] 我们未来的机会和希望，新加坡政府新闻稿，是新加坡总理李显龙在2004年8月国庆群众大会(National Day Rally)发表的演说。

[3] 新加坡教育部，少点教条，多点学习。

制作了视频，向公众展示义安中学的案例。微软公司已经意识到：作为世界上可选择的33所学校之一，该学校成功地把技术和学习融合在一起，学校的教师职工已经荣获了多项国家级奖项。

2013年之前，艾德里安·林（Adrian Lim）一直担任这所学校的校长，他年轻且富有活力。尽管基于创新性数字技术（也可称为信息通信技术，或简称为ICT）的应用，义安中学已经荣获了各种奖项，但艾德里安和该校的教师们仍主张优质的教学必须引领技术的发展，而非其他事物。艾德里安说："我们不会在每节课上都使用信息通信技术，原则上来说，在一天的课程结束的时候，我们要求——每一位优秀的老师都要引领学生融入课堂，并让这门学科变得生动而有趣。信息通信技术绝不是教学的杀手锏。"

在世界各地的某些学校或系统中，技术已经含含糊糊地成为一种纯粹的时尚事物，这对学生的学业而言，有时可能会带来灾难性的后果。学校里堆满了平板电脑，这不过是些花哨的、用来记录的设备罢了，与所使用的交互式电子白板和传统的黑板并没有太大的差异。在很多情况下，技术推动着教学的发展，但却分散了学生的注意力。不过，在义安中学，技术却发挥着相反的作用：借助这些技术，优秀的教师们表现得更加出色。

举个例子，对于学生使用智能手机这种现象来说，义安中学就采取了一种违背常理的做法。在美国和许多其他的国家，教师禁止学生在课堂上使用智能手机，并很自然地将浏览智能手机视作（对课堂的）干扰。但是，义安中学却把智能手机视作教学和学习的工具。他们允许学生使用微博，将其视作一种信息反馈平台。这为腼腆胆怯的学生提供了一种记录自己对某些学业问题的回答和参与课堂讨论的方式。

这种方式也为教师提供了各种有关学生学习状况的数据，他们可以在课后，有时甚至是在课程进行中对此予以评述。艾德里安·林解释说："学生们也会更加积极地参与其中，这是因为他们所运用的正是他们极为熟悉和擅长的事物。"当然，学生有时使用手机的方式仍不妥，艾德里安·林就会没收他们的"时尚手机"一两天，取而代之用款式老套的手机来引起他们的注意，而不是完全禁止他们使用手机。

义安中学在非常受欢迎的网络虚拟游戏"第二人生"里购置了一座岛屿，在这里，他们创建了一个虚拟的艺术画廊。相比学校所允许的物理空间而言，这里能让更多的学生展示更多的艺术作品，他们还在这里一同分享了来自澳大利亚一个土著社区的艺术作品。"第二人生"的虚拟世界也允许学生走进去，从不同角度来欣赏名画。艾德里安·林说："通常而言，当问及学生是怎样鉴赏一幅画时，他们一开始会有点发蒙，但当你把这幅画融入他们的世界时，他们每个人似乎都对这件艺术作品有自己的独到见解。"在义安中学，技术是优质教学的一部分，而不是优质教学的替代品。

亚洲的许多国家正逐渐成为当今教育创新改革的开拓者。相反，许多西方国家却依旧尝试着运用东方国家已经舍弃的测验方法、集中性教学和学习模式。20世纪90年代中期，新加坡知道国家必须要有所改变了，即便当时的新加坡已在传统的教育成就测试［这项测试比10年后开始启用的国际学生评估项目（PISA）级别更高］中高居世界榜首。用技术强化优质教育，而不是取代优质教育或让优质教育走下坡路。技术的应用逐渐削弱了以往中央官僚体系自上而下的控制权，让体制变得更加灵活，且更益于校际之间互相帮衬和互相学习。

## 4. 专注，但绝不故步自封

2006年，当安吉拉·阿伦德茨（Angela Ahrendts）成为这家有着150年历史的英国巴宝莉公司的首席执行官（CEO）时，她意识到这家奢侈品服装公司已经迷失了前进的方向。当她注视着那些赶来参加（她上任后）第一次峰会的高级主管时，她注意到了一些不寻常的事情：他们从世界各地飞到英国，当时英国正值典型的阴雨潮湿天气，但这60人中却没有一个人穿巴宝莉防雨风衣。她想知道是否这些人都备有一件巴宝莉防雨风衣，她想问问大家："尽管我们的高层主管都可以拿到很大的折扣优惠，但他们却都没有购买我们（自己）的产品。如果是这样，那我们如何期待顾客愿意以原价来购买这些产品呢？"[1]

这家公司成立于1856年，由21岁的前任服装经销商的助理托马斯·巴宝莉（Thomas Burberry）创建。[2]他把"轧别丁"定为商标名称，这是一种耐磨的、透气性好的防水布料，完全适用于英国的气候。1911年，罗尔德·阿蒙森（Roald Amundsen）身着巴宝莉，第一个成功到达了南极；1924年，乔治·马洛里（George Mallory）最后一次露面，是身着巴宝莉夹克衫前往珠穆朗玛峰顶峰的途中。在第一次世界大战期间，巴宝莉长风衣为战壕里的英国军官挡风遮雨。

当然，这与如今优雅的模特在T台上穿着时尚的巴宝莉风衣走

[1] A.Ahrendts, Burberry's CEO on Turning an Aging British Icon into a Global Luxury Brand. Harvard Business Review,2013,1-2.

hbr.org/2013/01/burberrys-ceo-on-turning-an-aging-british-icon-into-a-global-luxury-brand/ar/1.

[2] 公司网站详细描述了巴宝莉的历史传承，参见uk.burberry.com/heritage/#/heritage/heritage-1800-1.

着猫步的情形大不相同。2013年设计的服装精品是由10岁的罗密欧·贝克汉姆担当模特展现给消费者的。

但来自美国中西部的阿伦德茨在引导这个贵族公司重新专注其核心品牌的过程中，还是着实费了一番功夫。对阿伦德茨的任命让英国公司里的很多人都颇感意外。一个在印第安纳州这样的小镇长大的人怎么可能知道如何运营一家皇室授权的、专为女王陛下制作服装的公司呢？

他们很快就知道了答案。当2006年阿伦德茨上任时，全球的奢侈品市场正在急速扩张，而巴宝莉的增长点却只有区区的2%。至2013年年底，公司年度营业利润的增长额超过了17%。[1]这是意料之中的事情，因为巴宝莉是2012年全球品牌指数增长最快的奢侈品品牌。[2]

在这次华丽转型过程中，有两种截然相反的策略发挥着一定的作用。第一种策略是阿伦德茨让公司重新聚焦于核心品牌——战壕风衣。巴宝莉公司在全球有23个品牌授权销售点，公司鼓励它们采用各种有效方式抢占更多的市场份额。当阿伦德茨视察这些销售网点时，她发现各类款式的服装都配有闻名遐迩的巴宝莉格纹：方格呢质短裙、POLO衫，甚至还有宠物狗的衣服和皮带。这些产品本身没有任何问题，但是品类太过于繁多。阿伦德茨记得这些产品是如何堆砌在一起的，其所形成的也只不过是一堆产品——迎合所有人的产品，但没有任何产品是独一无二的或备受关注的。[3]

---

[1] J.Geoghegan, Customer Service and Technological Focus Power Burberry's Success Story, Drapers Online, January, 16, 2014.

www.drapersonline.com/news/customer-service-and-technological-focus-power-burberrys-success-story/5056604.article?blocktitle=More-Fashion-News&contentID=7468.

[2] 阿伦德茨，Turning an Aging British Icon.

[3] 同上。

阿伦德茨欣赏和尊重高端品牌。她相信且知道，无论你身处哪个国家，当你在最心仪的一家商店购物或用同一款杯子品尝同一种饮品时，你都会享受到同样优质的服务和产品。阿伦德茨感觉到巴宝莉正在逐渐丧失这种优势。当她抵达香港时——这是另外一个雨水充沛的区域——她发现尽管一切事情都在设计团队的掌控之中，但在这里却没有一个人穿风衣。

阿伦德茨意识到，巴宝莉并没有利用好公司的核心优势——即世代传承的东西和独特的奢侈品牌。首先，与那些不走寻常路的梦想家一样，阿伦德茨的一些同事完全无法认同回归本源的方式就是聚焦于战壕风衣。“一些管理者对此冷嘲热讽，”她回忆说：“他们中有许多人在巴宝莉公司已经工作了很长时间。（而且）我确信他们会丢下一句话‘聚焦在战壕风衣上——这就是我们的战略？’”

阿伦德茨继续说：“不过，绝大多数人都确信这是一项正确的计划。”巴宝莉正在引导公司的设计师，让他们的设计灵感与以往最优良的公司传承相融合。聚焦于战壕风衣的这项决定掀起了由克里斯托弗·贝利（Christopher Bailey）所引领的创新热潮。阿伦德茨和贝利之前曾在一起工作过，所以他们彼此相互信任，对事物有着独到的见解。阿伦德茨称贝利为品牌大使，并告诉她的团队：“顾客所看到的任何事物——世界的任何角落——都在他的办公室里，无一例外。”[1]结果表明，除了经典的米色之外，现如今的巴宝莉还销售着各种有着迷人颜色的、配有各类饰品（例如鳄鱼肩章和貂皮领子）的战壕风衣。

第二种不寻常的策略则涉及巴宝莉跻身奢侈品市场的方式。巴宝莉正是在这个世界上增长速度最快的行业中（尤其是在中国）进行着

[1] 阿伦德茨，Turning an Aging British Icon.

角逐。借助社会媒体，巴宝莉针对未来的奢侈品消费顾客——千禧一代，采用了一种新型的利益兼容方式。对于那些独享盛誉的精英来说，这是一种完全不同的经营方式，这些杰出人士已经用惯了绝大多数的奢侈品品牌，想要彻底改变这种现状几乎是不可能的。相反，巴宝莉将社会媒体视为核心业务。截至2012年，巴宝莉已经发展成为世界上最成功的奢侈品品牌，在Facebook上拥有近千万粉丝，在微博上的粉丝数多达70万。[1]截至2014年，Facebook上的粉丝数已增至1700万，微博上的粉丝数多达285万。

重新回归"战壕"防御战，阿伦德茨亲自出击了。她解散了整个香港的设计团队，关闭了新泽西的工厂，并把美国的一些设计团队带到了伦敦，同时关闭了一家位于威尔士，生产POLO衫、有着300多名员工的工厂。威尔士工厂的这次变动引起了人们的强烈抗议，阿伦德茨被强制带进议会，回答政府官员们提出的问题。[2]但是她自始至终毫无动摇，她知道自己不得不做出这个艰难的决定，这样才能投资兴建约克郡工厂——这里需要多一倍的工人才能生产出用高品质纱线制成的巴宝莉风衣。

国际战略公司——科特国际公司的执行副总裁凯西·格尔希（Kathy Gersch）对巴宝莉的这次变革做以总结，他强调说推动这次变革发生的并不仅仅是阿伦德茨，而是巴宝莉本身。她描绘了一幅清晰的画面，刻画出了公司的前景。她确保公司的每个人都能对这一

---

[1] D.Arthurs, Burberry Hits 10 Million Mark to Become Most Popular Luxury Brand on Facebook, Daily Mail, 2012年1月4日.

www.dailymail.co.uk/femail/article-2082075/Burberry-hits-10m-mark-popular-luxury-brand-Facebook.html.

[2] A.Stone. Burberry Checked over Move to China, The Independent, 2007年1月7日.

www.independent.co.uk/news/business/news/burberry-checked-over-move-to-china-430490.html.

愿景有所理解。随后，她便投身其中，致力于实现这个蓝图。格尔希解释说："阿伦德茨为每个店铺都安排了多媒体再教育课程，借此重新培训她手下的销售人员，但她不会亲自指导他们如何开展销售。她也与大家分享了其中的原因：那就是对于巴宝莉而言，战壕风衣独一无二，是企业的核心品牌。"关键是，"她让这些销售人员都成为了强大的品牌拥护者。"

阿伦德茨借助战壕风衣的知名度提升巴宝莉品牌。她在整个公司分享了一个清晰可见、催人奋进的愿景，即有悖常理地将巴宝莉的辉煌未来与昔日的历史传承联系在一起。她首当其冲，决心将这一思想付诸实践，例如淘汰那些不太重要的品牌、取消无效的工作实践活动；再如生产一种专属高档产品，广泛提供给使用社交媒体的未来客户。她将新的创意与经典的英国形象融为一体，进而让公司重新成为世界领先的奢侈品品牌之一，并触及到了一个新兴的全球市场（尤其是亚洲市场），其中的消费者大多是颇为富裕的年轻人。2014 年阿伦德茨离开了处于发展巅峰状态的巴宝莉，前去担任强大的手机零售帝国——苹果的领导者，旨在提升另一个全球品牌。[1]

## 5. 结论

在危急关头，提升性领导者通常会做出与他人的期望或预期完全相反的决定。他们不以惯例行事，思路有悖常理，他们知道如何在生存环境恶劣且不稳定的情况下保持丰富的想象力和敏锐的洞察

[1] S.Butler, J.Rankin, and J.Garside, Angela Ahrendts Leaves Burberry for New Job at Apple, The Guardian,2013 年 10 月 15 日，www.theguardian.com/business/2013/oct/15/burberry-angela-ahrendts-new-job-apple.

力。他们拥有着非凡的能力，能在冒险前行之前，对严峻的形势予以评估。即使事实证明挑战极具难度或成功希望极其渺茫，他们往往也会坚定地保持乐观心态。如新加坡总理会让国内的学校意识到：如果他们想让学生学到的更多，就要灌输的少些。他们这些人似乎是在公然质疑国家或组织历史发展的逻辑性。或者如巴宝莉公司的安吉拉·阿伦德茨这样的人，他们会重新选用并重塑那些公司似乎早已放弃的、明显过时的产品，这种做法起初让同事们感到困惑不解。

提升性领导者知道如何在创建创新文化的同时规避风险。在角鲨头工艺啤酒公司，不断创造新产品是一件“有趣、很炫”的事情，它可以保持员工的积极性，也不断吸引着顾客前来购买。他们知道如何从积极的视角审视各种要素的消极性——以同样的方式，义安中学的教师们不会将智能手机看作是对课堂教学的干扰，而是视作有用的教学工具，是几乎所有的学生生活中必不可少的工具。苹果公司乐于接受并积极培育像触摸屏技术这样的创意理念——他们的竞争对手却认为这些并不重要，且太过于疯狂。这些组织知道他们的生存依赖于某些人能走出一条不同寻常的道路，发现另外一种替代性观点，设计出一种全新的产品或方法。

不过，如果你仅仅拥有创造力，那么创新很快就会演变为自我放纵，并身处混沌状态。当角鲨头早期文化仅仅被界定为自主创新时，员工就会变得不可信赖，产品质量就会失去控制。新加坡曾经鼓励国内教师不断创新，但与此同时却并没有废除问责制。只要与缜密的集体责任制保持相对的平衡，人们所享有的自主权才不会陷入混乱状态。这源于大家拥有一个共同的梦想，并下定决心追求这个梦想；任命一些拥有互补技能的领导者，以此弥补那些慷慨激昂的创新者所欠缺的能力；同时创建一个共同的身份，将整个群体凝聚在一起。柔性化管理过程和精明务实的问责制可以同时运用，且必须同时运用。这两种截然相反的独特管理模式在竞争与合作并存时表现得尤为明显——这是本书下一章探讨的主题。

# 第三章

# 竞争性合作

萨利·汉弗莱斯
（Salli Humphreys）

在赛场上留下的友谊是竞争的真谛所在。
奖杯会磨损，但友谊地久天长。

——杰西·欧文斯（Jesse Owens）

## 1. 不是冤家不聚头

在一切引发变革的非常规性方法中，无论是从无到有创造新事物，还是转败为胜，改变我们对合作与竞争传统关系的认知都是其中最有效的一种方式。这两方面通常被看作或界定为截然相反的对立面，这一点并不足为奇。一些人相信人类与生俱来就是自私自利的，还有一些人则相信人类是抱有合作意愿的。据说竞争会让我们持续获得成功或表现得更加卓越，相反合作则会借助我们每个人的天赋和能力，让我们共同迈向成功。

合作与竞争之间的对立性和矛盾性已是众人皆知。究竟人性中积极上进的意志和合作精神是受到了共同利益或竞争的刺激，还是自身利益的驱使？人们对此持有截然不同的观点。一些经典的管理理论正是基于上述不同的观点发展起来的。竞争与合作界定并描绘了资本主义社会和社会主义社会之间意识形态的差异。他们不惜一切代价寻求成功，并相信取得共同的胜利才是最重要的事情。在一些国家中，父母和学校会尽可能地让他们的孩子参与激烈的竞争，从而争取到最好的教育；而在其他一些国家，则侧重于为社会上的所有年轻人提供教育，以此共享公共利益。

在某些情况下，竞争与合作并不仅仅相互对立，它们甚至互为仇敌。在体育竞技领域，只为具有竞争力的优秀球队提供资源，这样做的代价就是极大降低了球员的参与度，削减了球队可挑选的人才数量。投入更多精力参与竞争的学校，并不能有效地利用和传播那些能够改善整个系统的最佳职业实践方面的知识。

合作也会阻碍竞争。群体间的合作和依附关系会极大地限制技术的转移和人员的流动。当一家公司不惜以牺牲利润为代价追求社会事业时，它就可能会削弱生存能力，以及在未来为社会做出贡献的能力。在学校体育竞技中，那些拥护“少竞争，多合作”的人也同样会因为让人们失去了求胜的欲望而遭人抨击。

不过，合作与竞争之间的关系不必视作零和博弈，即一方的胜出以牺牲另一方的利益为代价。合作与竞争可以，且一定可以以富有成效的方式共同发挥出最佳效用——这一点在现如今复杂的全球市场环境下，不仅值得一做，而且显得越来越重要。

半个世纪之前，继马斯洛（Maslow）提出著名的需求层次理论之后，哈佛大学心理学家大卫·麦克利兰（David McClelland）又提出了有关人类动机方面最为深奥难懂的一种理论。麦克利兰解释说：在各行各业或各类组织中，人们有动力去完成任务和实现创新，都是受到下述三类需要中的一个或多个的影响。[1]

（1）那些有着高成就需求的人渴望实现超越。他们受益于各种反馈，也得益于富有挑战性的工作。他们要么喜欢独自完成任务，要么追随高成就者完成任务。

（2）那些有着高归属需求的人向往协同性的工作环境，喜欢与其他人建立联系，需要得到群体的认可。他们在销售和人力资源这样的工作领域表现出色，是极佳的过程顾问。

（3）那些有着高权利需要的人要么渴望行使权力，直接支配其他人；要么更有效的做法是连带着利用社会力量——通过在周围人群中行使权力，进而实现群体的目标。

有支配和成就需求的人会倾向于挑起竞争，有归属和享受社会权利需求的人更富有协作精神。但是在快速发展的全球化环境中——这里充斥着太多变数，网络覆盖性无限拓展——目前我们必须同时关注这三方面需求。当今的领导者必须知道如何不断地提升绩效；确保领先于竞争对手；坚韧不懈地挑战自我和业内同行企业；持续寻找能让他们取得更大进展的下一个优势和创新突破口。与此同时，他们也希望尽可能获取一切信息，以便为此付出努力，提升他们的业绩。他们必须将自身实践与相类似的组织进行比较，不断地了解竞争者的动向；借助本地网络和全球网络构思新想法；寻找合作伙伴，与那些能帮助他们参与竞争、为他们出谋划策，让他们取得更大进步的个人和

---

[1] 参见D.C.McClelland, J.W.Atkinson, R.A.Clark, E.L.Lowell,The Achievement Motive, San Francisco: Wiley,1976.

D.C.McClelland, Motives, Personality and Society, New York: Praeger, 1984.

麦克利兰创立了麦克伯(McBer)顾问公司，1980年经合并成为国际管理咨询公司——海氏管理咨询公司。

组织建立战略联盟。

处理合作和竞争的关系有很多方式，那些能产生推动作用的需求，主要集中在：

（1）合作可以有效弥补过度竞争。例如，19世纪英国和美国的慈善家、社会改革家推行了如公共卫生设施建设、第一所公办学校、大市政公园等一些民政建设项目，以此重建社区，消除资本主义最具破坏性的竞争效应。

（2）合作可以弥补竞争力的不足。一个内部团队的集体力量和忠诚可以提升人们的外部竞争优势，以此对抗其他团队。例如，《自觉资本主义（Conscious Capitalism）》一书对美国全食超市（Whole Foods ）的人力资源战略进行了讨论，书中约翰·麦基（John Mackey）和拉吉·西索迪亚（Raj Sisodia）描绘了全食公司如何摒弃了20世纪80年代通用公司总裁杰克·韦尔奇（Jack Welch）所采用过的经典做法，即每年解雇排名在最后10%的员工。[1]全食公司总裁麦基感觉到，这种做法“营造了一种恐怖的氛围”，促使“人们之间相互对抗”。[2]所以，全食公司反其道而行之，构建了彼此相互扶持、相互吸引、相互激励，甚至相互考评的员工团队——如果每个人都干得好，那么每个人都会留在公司。尽管如此，团队仍然会与其他店铺或区域的团队进行相互竞争，当他们获胜时，他们会为自己的表现感到骄傲。在麦基和西索迪亚的世界里，韦尔奇的管理模式鼓励“团队成员永无休止地相互竞争”，而在全食公司，“作为团队的成员，他们会因为参与竞争而获得相应的回报，但不必

---

❶ J.Mackey and R.Sisodia, Conscious Capitalism: Liberating the Heroic Spirit of Business, Cambridge, MA:Harvard Business Review Press,2014.

❷ 同上，90页。

裁减任何人。”[1]

（3）合作与竞争也可以达成某种妥协，这样一来每一方都能有所收获，但所得到的却未必是他们想要的。企业社会责任运动已经迫使公司不得不关注他们所在的社区和他们所影响到的环境。[2]借助像选秀抽签程序、工资帽（NBA著名的工资限定条款）、有限的球队阵容这样的举措，行规有效限制了资金充裕的俱乐部的扩张能力，防止他们从其他资金不足的俱乐部挖走人才。目前的管理制度也需要学校之间相互竞争，以期为全部或部分优秀学生创造更加公平的竞争环境。

提升性领导者知道如何摆脱合作与竞争在意识形态上的对立局面，让它们以互补、代偿和折中等方式共同发挥作用。不过我们的研究也揭示出，提升性组织及其领导者如何有悖常规地融合合作与竞争两种模式，进而取得了更大的进步，这会带来：

（1）增值——体现在整体性能和产出方面。

（2）新价值——单靠一个人的努力无法取得的新成就。

（3）社会价值——广泛提高社会民众的道德素质。

（4）激励价值——人们在相互超越，不断完善自我的过程中获取的精神力量。

体育竞技中，为实现共同的利益和取得更好的成绩，竞争对手们会彼此合作，此时合作与竞争的融合性表现得淋漓尽致。在商界，竞

---

❶ J.Mackey and R.Sisodia, Conscious Capitalism: Liberating the Heroic Spirit of Business, Cambridge, MA:Harvard Business Review Press,2014.

❷ 企业社会责任的演化阶段请参见W.Visser, The Age of Responsibility:CSR 2.0 and the New DNA of Business, San Francisco:Wiley,2011.这些思想在企业公民理念方面的延伸问题，请参见B.Googins, P.H.Mirvis, S.A.Rochlin, Beyond Good Company: Next Generation of Corporate Citizenship, Basingstoke, England: Palgrave MacMillan,2007.

也可参见：S.Waddock and A.Rasche, Building the Responsible Enterprise: Where Vision and Values Add Value, Redwood City, CA: Stanford University Press,2012.

争对手们会共同开发出新产品。相类似的，为当地学生提供相同教学资源的相邻学校可能或有时确实需要合作共事、相互帮助，共同为社会公共利益服务。

## 2. 合作

在体育组织中，激烈的竞争是获得成功的先决条件。除非团队有着强烈的欲望想要打败他们的对手，否则他们将最终沦为失败者，而这会让他们感到万分沮丧。因此，你会很奇怪为何你始终都在为你的竞争对手提供帮助。但在我们的研究中，许多团队确实都是这样做的。

美国绝大多数体育爱好者都会发现，板球是一项很难看懂且极为枯燥的运动。喜剧演员罗宾·威廉姆斯（Robin Williams）曾经把板球运动形容为“服了‘安定’的棒球”。[1]但是在印度这样的国家，板球却是一项重要的竞技体育运动。在一个商业驱动、媒体关注的体育竞技环境中，这项运动越来越多地采用了刺激性竞技模式，逐渐扩大了全球的市场容量。

2008 ~ 2009年间，澳大利亚不断地刷新了本国在世界板球比赛的竞技排名，在男子和女子板球比赛中均排名第一。[2]在澳大利亚板球竞技场——墨尔本板球场，我们与国际板球委员会的前任首席执行官马尔科姆·斯比德（Malcolm Speed）坐在一起，就如同在拜会一位运动界的偶像，因为斯比德在体育界的国际地位等同于美国棒

---

❶ 人们广泛接受这种言论，甚至可以在网上购买到刻有该语录的杯子。

❷ 2009年初，在我们搜集本项研究的数据期间，澳大利亚在国际男子板球对抗赛中荣获冠军，在单日板球比赛中排名第二。2014年初本书发稿之际，澳大利亚以5∶0战胜英格兰，在经历短暂的成绩下滑之后又重新回到第三的位置。了解国际板球排名可以访问国际板球委员会官网：www.icc-cricket.com/team-rankings/test.

球联盟总裁。[1]

然而，当斯比德在1997年被任命为澳大利亚板球协会CEO时，他与我们谈论起了他曾犯过的错误。球队会因为球员被卷入高度曝光的丑闻事件而时常发生“球员暴动”现象，随之而来的就是“在支付赔偿方面讨价还价”。如果球员的合同条款没有改善，薪水没有提升，那么极有可能发生罢赛事件。斯比德解释说：这种情形“人尽皆知”，这种形势也“极为严峻”。澳大利亚板球队位居世界首位有近10年时间，现如今似乎注定要经历一场动荡和衰落。

但是，斯比德是一位从不向困难低头的人。在他入选俱乐部板球队员的20年时间里，他在场上的位置一直等同于棒球运动中投球手的位置。斯比德一直都喜欢“迎着风奔向山坡”，从而让球摆动起来。他的管理模式倒没有多少新意。

斯比德是一位律师，曾在澳大利亚篮球体育总局担任高级执行官。他知道如果没有更强大的财政体系作支撑，让板球队员的薪酬相比其他澳大利亚体育竞技人才的薪酬更具吸引力的话，那么他将无法提升球员的专业技术，也无法彻底消除由来已久的积怨。在以往，澳大利亚板球运动的所得收益主要体现在赞助费、门票收入和媒体三个方面。但是在斯比德所领导的10年间，一种新的模式开始发展起来，最终大约70%的收益来自全球的媒体播放权收益。这种模式的发展增加了整体收益，也使运动员的薪酬分配更加合理。

重新设计薪酬结构，意味着运动员与球队的关系也会有所改善。新的球员合作系统推行“建立球员排名与个人成绩、个人发展潜力，

---

[1] 除特别注明之外，本书给出的有关澳大利亚板球队的数据、引证和资料及后续阐述均源自“远超预期的企业绩效”研究期间搜集到的一手资料。

以及对团队的价值之间的关联”这种做法。现如今，球队建立了一个更加透明的体系，用以支付球员的薪酬。

斯比德的策略有悖常理——与其说是为球员带来了更多的收入，倒不如说是确认了收入从何而来。其中绝大部分的媒体收入都来自一个国家——印度，即澳大利亚的主要竞争对手之一。在经营中，斯比德重新界定了合作和竞争之间的关系。用他自己的话来说，他在“迎着风奔向山坡”，（让自己）“越发摇摆起来”。

斯比德解释说：“2000年、2001年和2002年，与增加各种媒体播放权收益相关的交易已经达成，但直到我离开公司，它们才真正生效。”在我们研究期间，丹·玛卡姆（Dan Markham）担任澳大利亚板球队负责媒体播放交易的总经理[1]。他精力旺盛、口齿伶俐，之前曾服务于英超联赛，所以对全球的媒体市场极为熟悉。他是负责执行斯比德提出的财政愿景的关键人物之一，一直在深刻反思澳大利亚与印度之间的关系。

玛卡姆解释说，印度“财大气粗”——这是世界板球巡回赛“独一无二的卖点”。他接着说，所以关键就在于尽可能多地让澳大利亚与印度的球队相互对抗。这也意味着——无论从板球运动，还是从文化角度来说——至关重要的是“让印度尽可能保持强大的竞技实力，持续安排往返印度的旅游项目，加强与新兴经济体的合作。”

丹·玛卡姆（Dan Markham）的主要职责就是确保收益最大化，风险最小化。在实践中，这意味着需要游说澳大利亚和印度的政府修改立法，从而创建更好的媒体环境。与常规做法不同的是，这也

---

[1] 在我们项目研究期间，玛卡姆数次更换工作。2014年初本书发稿之际，他是全美篮球协会（National Basketball Association）副主席，负责欧洲、中东和非洲媒体转播。

意味着要对印度的社区和板球运动的发展进行投资。例如，澳大利亚会向印度和其他开展板球运动的国家，如斯里兰卡和孟加拉国，提供更多的技术指导。

澳大利亚板球队相信从道德观点来看，他们正在做一件有利于球队发展的、真正有价值的事情；他们正在创建一个更为稳定的社会环境和政治环境；也正在培育更加强大的印度团队，以此形成激烈的、在商业上极具吸引力的竞争氛围。澳大利亚板球队的策略创造了更大的财务价值和业绩，创造了更大的社会价值，且更具激励性。正如玛卡姆描述的那样：

> 从媒体的视角来看，越是激烈、竞争对手越是接近的比赛越会吸引人们留心观看。没有人想要看一场堪称完美的、裁定不公的，且已经预知结果的比赛。不要忘了：印度是我们的经济推手。一个糟糕的印度团队会给我们带来极为糟糕的后果。（用这样的方式）帮助印度团队参与到更精彩的比赛中来，获得更多的收益，更好地把握经济形势。

换句话说，澳大利亚板球队与它的竞争对手同呼吸、共命运。它与主要的竞争对手之一相互合作，旨在提升竞争对手的实力和竞争力。就合作任何一方而言，这种创新方式都是极富冒险性的。不过在着手实施这项策略时，（与印度）合作的风险性也即刻凸显出来。20世纪90年代，印度从未到访过澳大利亚。在马尔科姆·斯比德执掌大权的头几年，当印度和巴基斯坦在澳大利亚境内参加对抗赛时，这两个国家尚在克什米尔（Kashmir）处于交战状态。

澳大利亚板球队的一些董事会成员极为保守，他们对向竞争对手——印度进行投资这一举措持怀疑态度。他们担心这种慷慨大度的做法会降低澳大利亚球队自己获胜的机会，这种合作会对竞争造成威胁。但组织中其他部门的领导者明白：所获得的商业收益和竞技效益正是源自这种不同寻常的投资。这种做法激发了团队取胜的动力，提升了组织的商业价值。总体而言，目前澳大利亚板球队明白了“拓展全国性比赛之前，必须要先推动此项比赛在国际上的发展。”❶

丹·玛卡姆（Dan Markham）知道一直以来澳大利亚板球队发展得极为顺利，但也曾遇到过真正的危险。正如他所解释的那样：“我认为如果某个人比其他任何一个人都要强大的话，那么体育竞技比赛就会变得一团糟，人们就会逐渐失去兴趣。”为其他国家的发展提供支持，就意味着各个团队都要从提升获胜潜力的视角出发，更为紧密地抱成一团，从而促使所有的团队都以最高标准完成竞技比赛。最终，尽管紧张的比赛和更为精彩的竞技对峙偶尔会导致印度完胜澳大利亚这种情况的发生，但这仍然意味着有更多的观众愿意收看比赛，同时全球媒体收入也在日益增加。

玛卡姆把这套整体方案称之为合作——“与能为你带来收益的竞争对手建立合作关系”——这是1996年起源于商界的一条术语。在他们的著作《合作》中，来自哈佛大学和耶鲁大学的亚当·布兰登伯格（Adam Brandenburger）教授及巴里·纳勒布夫（Barry Nalebuff）基于博弈理论提出了合作概念。❷博弈理论的支持者将“赢者通吃”的竞争模式视作零和博弈，因为在博弈一开始和最后的时刻，所争夺（的事物的）总量都是相同的，失败者最终将一无所

❶ 引自我们与澳大利亚板球队前任领导班子成员的一次访谈。

❷ 请参见A.M.Brandenburger and B.J.Nalebuff. Co-opetition, New York: Bantam Doubleday Dell,1996.

有。相比较而言，合作是一种增益博弈：博弈中会创造出新的价值，博弈结束时产生的价值会远远高于博弈最开始时双方享有的价值总和。商业经营中，合作确实能帮你提升市场销量，即便你维持着同样多的市场份额，也已经实现了多赢。

目前，企业经营中，建立合作伙伴关系和合作联盟是常有的事情。2006年，一项由经济学人智库（Economist Intelligence Unit）发起的，针对高级管理人员展开的调研，其结果显示几乎95%的高级管理人员与公司里的工作搭档存在合作关系。[1]但是因为有直接竞争对手，甚至是死对头的加入，所以彼此间的合作会逐渐将这些伙伴关系提升到一个新的高度。其中一个例子就是欧洲空中客车国际财团，它们共同合作对抗其他公司，也对抗这些公司身后的国家政府。[2]在美国，20世纪70年代，一些技术公司将工作重心从波士顿地区转移到了加州硅谷，这么做的一种解释是这些新英格兰公司试图避免公司员工与竞争对手公司之间的对话，从而保守公司机密；相反，那些加州的竞争对手们却主张公司之间信息公开、互相交流，以此促进知识的转移与创新。[3]

十多年来，越来越多的公司意识到了发展战略联盟和合作伙伴关系的必要性——有时甚至是全球范围内的合作。当你可以基于同一账户，在多家航空公司和酒店积累航程点数，并兑现成现金时，你就已经加入了一个战略联盟，谋求互赢互利。

---

❶ 经济学人智库，公司无国界：协作型竞争，2006.
网址为ilo.uniroma3.it/NEWSILO/vdoc/Approfondimenti/eiu_BT_collaboration_wp.pdf.

❷ A.Slywotzky and C.Hoban. Stop Competing Yourself to Death: Strategic Collaboration among Rivals, Journal of Business Strategy, 2007, 3(28), 45-55.

❸ A.Saxenian, Regional Advantage:Culture and Competition in Silicon Valley and Route 128, Cambridge,MA:Harvard University Press,1996.

菲亚特汽车是这些更高级别战略联盟的一个典范。在汽车行业内整合势头日益强劲的情况下，菲亚特公司的主要竞争对手就是其他一些大型制造商。但这并不会限制品牌之间的互动，借鉴竞争对手的做法，甚至是积极地与主要的竞争对手展开合作，这样做的目的是从各自的企业中更便利、更廉价地购买到产品零部件，而不是完全依靠自己生产。例如，正如菲亚特的首席执行官塞尔吉奥·马尔基翁内所解释的那样，一个人开发出1.3版引擎发动机，而另一个人开发出1.4版引擎发动机，这其中的关键是什么？你从这些信息中了解到了什么？答案是一无所获：这完全是一种资本的浪费。[1]当前，菲亚特和其他制造商的竞争优势不再取决于多长时间能自行生产出零部件——而是如何有效地把这些零部件组装成一部汽车。

## 3. 提升性联盟

合作确实能带来共同利益，但也会牵涉到无休止的讨价还价或交换条件。罗莎贝斯·莫斯·坎特（Rosabeth Moss Kanter，哈佛大学教授）在20世纪90年代就曾指出，竞合模式会创造出新的价值，也会提升现有的价值。[2]不仅如此，两者的融合甚至还会带来更大的回报：合作会为所有的合作方，甚至是非合作方带来不可估量的价值，这是竞争对手们都想要提升的——在审美情趣或道

---

❶ E.Reguly, Transatlantic Man, Globe and Mail Report on Business, December 2009, 44.

❷ 请参见R.M.Kanter, Collaborative Advantage: The Art of Alliances, Harvard Business Review,1994, 4 (72) (July-August):96-108. 最早探讨竞合模式的机遇和风险问题的一篇文章是G.Hamel, Y.L.Doz, and C.K.Prahalad, Collaborate with Your Competitors—And Win, Harvard Business Review, 1989, 1 (67):133-139, hbr.org/1989/01/collaborate-with-your-competitors-and-win/ar/1.

德意识方面的价值。

角鲨头的首席执行官萨姆·卡拉卓尼——我们曾在第二章介绍过——在早间电视节目里，他会简单地宣传自家生产的啤酒。不过他也曾全力支持那些规模较小的啤酒制造商，这些啤酒制造商在很多领域都是他的直接竞争对手。当他为自己撰写的畅销书《他要啤酒，她要葡萄酒》（He Said Beer, She Said Wine）做宣传时，他分别向人们展示了一杯取自角鲨头公司的啤酒，还有一杯取自新比利时酿酒公司（New Belgium Brewing）的啤酒。[1]这证实了它们的共同身份，即都是高品质的精酿啤酒，而不是让它们在有赢有输的竞争中相互对抗。

即便媒体的关注焦点并没有直接指向角鲨头公司，萨姆也不会有所妒忌。“你绝不会看到我因同行业里的某些人写了一篇很棒的文章，但其中却没有提及角鲨头公司而恼火，因为我知道水涨船高，我希望看到所有的小型啤酒厂都能获得成功。”萨姆极为推崇合作，但他也知道合作的意义远不止于此。合作就是要将社会价值与小企业经营理念、独立理念和高品位理念融为一体：“我坚信在为其他我所认可的小型啤酒厂广为宣传的过程中，我也在广结善缘。”

萨姆的畅销书也提到了其他啤酒厂和啤酒的故事。当举办一场啤酒宴会时，他通常都会向人们展示除角鲨头以外其他品牌啤酒的特色。他相信角鲨头公司自身一次次的成长不能以击败同行为代价。角鲨头公司在媒体上所占据的突出地位帮助其建立起了一个强大的小型啤酒厂网络，这足以让这些公司联合起来，共同对抗三家最大的啤酒公司中更强劲的竞争对手。不止这些公司，其他众多的小型啤酒厂也

---

[1] 请参见M.Old and S.Calagione, He Said Beer, She Said Wine, New York: Dorling Kindersley,2008.

逐步成为他们的竞争对手的对手。这激起了人们对品位卓绝的啤酒佳酿的共同热爱，也鼓励所有的弱势群体义无反顾地联合起来，共同对抗巨头企业。

2009年，角鲨头公司进一步与原本没有合作希望的伙伴共事，此时它与主要的竞争对手之一——内华达麦酒公司建立了合作关系，共同推出了一款可供选择的新型啤酒。从总体上提高独立酿造工艺的社会价值，这是他们的崇高目标，人们为之兴奋不已。广结善缘、培育众生、保持独立性、持续创新、味道纯正——角鲨头公司在发展的过程中极其重视这一切，同时也不断生产出了更多的啤酒和更多样化的啤酒。

在教育领域，竞争与合作的相互融合则采取了一种更引人注目，也更成功的方式。学校之间相互协作和配合——如同他们在加利福尼亚教师协会项目中所做的那样，甚至在以市场为导向的竞争环境下，他们还是会相互扶持，携手共进，这样的典范如美国的特许学校、瑞典的公费学校以及英国的院校等。在相互竞争的学校之间建立协同合作关系，这种想法的发源地之一就是英国伦敦。

如伯恩利区、伦敦的哈克尼区都属于英国最贫困的地区。[1]在20世纪90年代，出于种种不合理的原因，这些地区经常出现在国家大众媒体的视线中。例如：关闭一所运营失败的初中，这引发了像国际电影巨星迈克尔·凯恩（Michael Caine）这样知名校友的强烈抗议。[2]除了媒体的过度专注之外，哈克尼委员会的预算账目也是

---

[1] 2010年，哈克尼是英国最贫困的地区，参见English Indices of Deprivation 2010: Local Authority Summaries,www.gov.uk/government/publications/english-indices-of-deprivation-2010.

[2] 详细描述关闭全英国最差的哈克尼唐斯学校（hackney Downs School）整个过程的文章，请参见M.Barber, The Learning Game, London: Victor Gollancz,1996.

乱得一塌糊涂，从1998年到2000年间财政赤字高达300万英镑到6500万英镑不等，已逼近破产边缘。❶

这期间，该区的理事会成员与政府和公众之间持续着喋喋不休的争执，而这些理事会成员之间也存在着巨大的分歧。其中的一位理事会成员告诉媒体："我们的手指并没有触及到行政区的脉搏，而是掐住了彼此的咽喉"。❷1999年，负责学校事务的英国政府部长宣称，哈克尼是本国最糟糕的地方教育区域（LEA,学区）。❸这个区域的孩子们面临着双重危机；他们不仅生活在一个极度弱势的群体之中，而且还在一个功能严重失调、极具病态的学校系统中接受教育。

托尼·布莱尔（Tony Blair）政府尝试采用许多相类似的、自上而下和以市场为导向的解决方案，以此扭转哈克尼区在议会面前始终抬不起头来的这种局面。这迫使委员会接受了一个称之为"哈克尼改善团队"的机构，不过，这个机构随即就演变成了臭名昭著的恐怖团队，丝毫没有产生任何的积极效应。哈克尼区的学校改善服务工程和少数民族服务工程都交到了一家私营公司的手上，这家公司极具官僚作风，根本无法带动地方建设，且为了谋取利润，不惜牺牲英国最贫苦地区的利益，由此受到了媒体的批判。❹

2002年，政府提出了一个有些大胆的设想，要将哈克尼整体

---

❶ Audit Commission, 2000,11,Hackney LBC Corporate Governance Inspection, archive.audit-commission.gov.uk/auditcommission/inspection-assessment/local-gov-inspection/reports/pages/corporategovernance_15.aspx.html.

❷ P.Barker, Hackney Council a Load of Rubbish, London Evening Standard, November 9, 2000.

❸ D.Walker and R.Smithers, Borough of Hate and Hit Squads, The Guardian, March 19, 1999, www.theguardian.com/politics/1999/mar/19/uk.politicalnews3.

❹ BBC News, Nord Anglia to Run Hackney School Services, June 18, 1999. news.bbc.co.uk/1/hi/education/372575.stm.

教育系统的管理工作移交给一家称作“学习信任”（The Learning Trust）的非营利性私人公司，并签订了10年期合同。[1]“学习信任”这家公司只专注于提高该区孩子们的学业成绩。它需要分别向董事会的非执行董事，其中包括理事会的成员、社区和学校汇报情况。10年来，这场变革一直在持续中，其中包括重新改造了涵盖73所学校在内的教育系统，培养了36000名学生。

这家机构的运营取得了显著的成效。在这样一个种族多元化的社区中居住着100万居民，其中有近1/4的居民彼此交谈用到的语言超过100种——他们收入微薄，仅够维持生活——但在2012年的各项成绩测验中，哈克尼区很多学校的学生成绩都位居全国平均水平之上。“学习信任”这家机构是如何做到的？

一种解释是“学习信任”机构的领导者，如机构的主席迈克·汤姆林森（Mike Tomlinson），他相信只要有可能，“解决方案都应出自哈克尼区内部”。该机构中的一位管理人员至今还记得“学习信任”机构在初期如何犯了过分依赖外部顾问这样的错误，其中大多数的外部顾问都来自于私营部门，经过早期不太成功的外包业务之后，他们都选择留在了这家机构。

**刚来的时候，他们中的大多数人态度消极。他们把那些在哈克尼工作多年的工作人员视作是无能的、效率低下的，甚至都不知道他们在做些什么。更讽刺的是，他们相信自己在这里干不久。这就是他们与那些在这里工作了很长一段时间的人们的本质差别。**

“学习信任”机构采纳的极富争议性的举措之一就是为了帮助

[1] 本书给出的有关哈克尼学习信任机构的数据、引证和资料及后续阐述均源自拓展性研究期间（在十年期课题结项之后）搜集到的一手资料。请参见A.Boyle and S.Humphreys, A Revolution in a Decade, London:Leannta, 2012.

原来那些学校而新建了5所中学——类似于美国的特许学校。[1]在各个学校之间推行市场竞争化模式，脱离当局的管束，并以此为原则管理公共教育事业，这通常会营造出一种只关注于“我的孩子”“我的班级”“我的学校”，而对其他小孩漠不关心的文化氛围。因此“哈克尼学习信任”机构声称，这些新建的院校是对教育共同体的一种保护和支持，而非破坏它。迈克·汤姆林森回忆说：“这些学校可以免试入学，是哈克尼众多学校中的一分子。”他补充说：“我们不希望这些学校成为孤岛，或是成为难以合作的学校。”

关键是要让人们与哈克尼区及哈克尼区的孩子们唇齿相依——这是一个比实现自身利益更为宏伟的目标。汤姆林森回忆了“学习信任”机构如何告诉各位中小学校长要为实现共同的目的而努力奋斗：“即便你是一校之长，你也有义务为哈克尼的每一位年轻人提供帮助。（你不能）简单地把所有的问题学生都发配到一所学校中去。”由此，鞭策学生就成了大家共同的责任。为了履行集体问责制，教育学家们在各个区的小学之间建立了支持保障网络。这样一来，只要任何一所小学遇到了麻烦，其他学校就会为其提供帮助。国民政府的相关政策为这些校际之间的网络（可称之为联盟）提供了支持——但这取决于哈克尼如何让这些网络发挥作用。

该系统的两位负责人开发了哈克尼第一代联盟平台。2004年，哈克尼区圣三一堂小学（Holy Trinity Primary School）的考生成

---

[1] 这些学院是地区（学区）体制之外，公开获得资助的学校。这些学校可以更灵活地安排人员、设置课程和学校的日程安排。这些学校可以从基金会、企业、慈善机构、宗教机构或大学获得资助。与他们周边的公立学校相比，这些学校可以从政府那里获得更多额外的资助。

绩直线下降，学校没有通过一项外部检查，该学校校长引咎辞职，这所学校陷入了困境，不知该如何发展。当时，“学习信任”机构的副主任特里西娅·奥克鲁瓦（Tricia Okoruwa）并没有采取通常的做法：派驻一支团队，引领变革；或是关闭学校。相反，她求助于圣约翰和圣詹姆士小学的校长西恩·戴维斯（Sian Davies），她曾经就在同一栋楼里，和同样的一批孩子一起，成功地让一所濒临绝境的学校起死回生。[1]

首先，创建一个联盟并不需要多么宏伟的设计，首要的任务就是在圣三一堂小学调整学习与教学模式。特里西娅和戴维斯一致认为，戴维斯需要在自己所在的学校和圣三一堂小学之间来回跑。他们促使两所学校结成战略联盟，并为戴维斯安排了一个新的角色，即两所学校的执行总监。

（这一举措）收到了立竿见影的效果。作为这两所学校的管理者，戴维斯可以让圣约翰和圣詹姆士小学的教师们直接指导和培训圣三一堂小学的教师同行们，或是向来自圣三一堂小学的教师们展示圣约翰和圣詹姆士小学的优秀教学案例。只用了短短12个月的时间，督查官员就一致认可了圣三一堂小学，承认其是一所优质学校。[2]如今，这些学校和他们的教职员工分享着共同的价值观和教学实践经验，并承诺继续合作，为了学生的利益共同努力。

这种校际联盟的运行风险体现在：有能力，也甘于奉献的学校领

---

❶ 圣约翰和圣詹姆斯（St.John&St.James）是一所学校，在学校彻底改观之前，其运营极为惨淡，当时的校名与现在的有所不同。

❷ 英国学校的外部评鉴机构是OFSTED——是英国教育标准局的字母缩写。OFSTED评鉴后，会将学校分成4个等级：杰出、良好、需要改进、差。当一所学校评鉴为差时，当地政府就会进行干预，甚至关闭这所学校，或运用“特殊举措”帮助提升这所学校的资质。

导会因包揽了太多事务而导致心力衰竭，所以一定要适当鼓励领导权的分配，充分发挥领导作用。[1]这种情形对于有才华的、胸怀大志的年轻人来说更加有利。在每一所学校里，一部分由校长办公室履行的常规性领导责任都会转移给其他教职员工，由他们来承担相应的责任。起初联盟会提供额外的政府资源，戴维斯举荐了两位深受人们爱戴和信任的教师领导者分别担任圣约翰和圣詹姆斯小学的校长，其他教师领袖则承担起了联盟学校内提高教学和学习效果的责任。如今，圣三一堂小学的教师领袖伊冯·巴内特（Yvonne Barnett）仍然记得这所学校的快速发展源自大家一起共事，效率惊人，且熟悉同一个系统的运作。“我们一直有着很高的期望，有着极为明确的共同愿景。”这两所学校最终加入了一个正式的联盟，该联盟由政府管控，并由戴维斯担任该联盟的执行总监。

当另一所学校也未通过某项检查时，特里西娅询问戴维斯，是否这个联盟可以接纳这所学校——随后这所学校也同样起死回生。他们所创建的联盟已经改善了几所运营失败的学校的状况，现如今这些学校都逐渐成为官方认可的优秀学校。2014年，在执行总监戴维斯的领导下，六所学校结成了联盟。[2]其中一些学校的校长还会进一步在哈克尼区创建其他的联盟，并在其中担任执行校长一职，充分发挥他们的领导才能，以期不断改善现状。

---

❶ 教育中，分布式领导力理念越来越重要，但通常会被误解为授权，或把不太重要或不想执行的任务交由他人去完成。有关分布式领导力的进一步探讨，请参见A.Harris, Distributed Leadership Matters, Thousand Oaks, CA:Corwin,2013.

或参见J.P.Spillane, Distributed Leadership, San Francisco:Jossey-Bass,2006.

❷ 有关哈克尼区组建的利益联盟的更多信息，可浏览联盟网站primaryadvantage.co.uk/about/.

结果不言自明。如今，以成绩的关键指标来衡量，哈克尼区已远高于全国平均水平。2012年，来自哈克尼区学校的10名最优秀的学生获得进入剑桥大学、哈佛大学、英国常春藤学校学习的资格，2013年这个数字提升为13名。这是几十年来第一次有来自哈尼克区的学生想要考上这些梦寐以求的名牌大学，更不必说能获得进入这些大学的资格。整个区域中有90%的员工会向其他人推荐哈尼克区，称其是"一个适合工作的好地方"。居住在其他地区的家长会拼尽全力让他们的孩子进入哈尼克区申请人数爆棚的学校。"学习信任"机构的前任首席执行官艾伦·伍德（Alan Wood）回忆："学习信任机构如何制止了这种疯狂的行为，并创建了一个能让人们融入其中，为之自豪的教育系统。学生、教师、学校校长和政府官员都表示'学习信任'机构所做的就是运用它、理解它、解决它。我们清空了历史记录，放下了包袱。我们清晰地向世人说明了教育究竟有多么的重要。我们创建了一个平台，在这里不存在任何借口，也绝对不允许有任何借口；没有人会指责当局政府、教师或是几次失败的人员招聘；没有人会唠叨着指责孩子。我们向人们证实了哈克尼区的学校也可以办得像其他地方的学校一样好。"

当然，这些系统并非万无一失。针对其他英国学校联合会的研究结果表明，有些联合会只会简单地探讨那些无法实施的想法，然后任由各个学校各行其是；而其他一些被迫参与合作的学校也会因为关系的微妙性和行为的刻意性，最终难以得到想要的结果。但成功的也并非只有哈克尼区。一些有着清晰的架构、彼此共同分享领导力、参与度透明，对结果共同承担责任的强大联盟确实可以引导那些实力雄厚的学校和强有力的领导者去帮助实力较弱的合作伙伴，以此共同提高绩效。[1]

在美国，这些变革的方法已逐渐深入人心。为了争夺学生资源和出于纯粹的生存考虑，通常邻近的公立学校和特许学校都会展开非赢即输的角逐比拼。一些学校和老师可能会相互交流，共享某些经验或理念，但他们不会共担责任，共谋双赢。其他一些学校则会与有着相同知名度的特许学校合作共事，但他们不会与同一社区的学校合作，也不会为了同一社区而建立合作。[2]虽然得益于校际之间的合作和联盟的建立，但美国的教育系统仍然需要从其他国家和其他行业吸取经验和教训。

不过也确实存在例外情况——我们在调研中看到的一个实例就发生在乡村音乐之乡——美国田纳西州那什维尔市。尽管那什维尔市星光熠熠，充满魅力，但这个城市却依然奉行着平均主义。公立学校中有近3/4的学生，即超过8000多名学生有资格获得补贴或享受免费的早餐或午餐。2008年，有不到60%的学生毕业于那什维尔市的12所中学，他们在读写和数学方面始终显得稍逊一筹。[3]

2009年，那什维尔地区商会与当地的基金会、市长和公共学校系统建立了合作关系，旨在提高学生成绩和协助招聘本地毕业生，以满足蓬勃发展的医疗技术行业和娱乐产业的人才需要。商会并不只是想让学生在基础知识的学习中取得更好的分数，他们还希望这些终生学习者即便是在毕业很久以后也能依旧保持创造力和好

---

❶ C.Chapman, D.Muijs, and J.MacAllister, A Study of the Impact of School Federation on Student Outcomes, Nottingham, UK: National College for School Leadership,2011.

❷ 关于这个观点的深入探讨请参见A.Hargreaves and D.Shirley, The Global Fourth Way, Thousand Oaks, CA: Corwin Press,2012,31-32.

❸ 更多信息资料可参见J. Steel,M.Wilcox, and M.Hill, Exploring System-Wide Change: The Academies of Nashville, in Sustainable School Transformation: An Inside-Out School-led Approach, ed.D.Crossley, London: Bloomsbury Academic,2013:127-157.

奇心。为了与公共系统和城市建立紧密的联系，商会采取了某些大胆，但偶尔也稍显老套的做法，即与众多学校合作，调整课程设置，不再要求学生在低迷的市场中夹缝生存（如从事美容行业）。商会为那什维尔市的教育工作者提供了校外实习机会，让他们提前了解他们的毕业生即将进入的商业环境，并为教育系统的管理者提供高层次的领导力培训课程。合作系统会借用各类数据，告诉人们决策制定的过程。

商会最初采用的方法让人颇感意外，人们并不买账。例如，商会决定绝不以牺牲那什维尔市公共学校的利益为代价，出资创建更多的特许学校。《华尔街日报》指责教师协会的懦弱无能，因为在州议会上，商会反对教育券制度，它认为这项制度并不会为这座城市的学校带来品质的提升或是带来更大的机遇。回顾以往，那什维尔市的商会成员马克·希尔（Marc Hill）认为商会在伙伴关系中充当了重要的角色，为了获得成功，它会向该地区的同行施加压力。[❶]

在学校各项课程改革期间，众多中学联合组建了规模较小的学习型社区或社团，完善了校长培训模式。那什维尔市的合作单位也从英国聘请来了由大卫·克罗斯利（David Crossley）率领的学校改进小组，随之也带来了一种高贵血统。在英国，克罗斯利（Crossley）曾经创建了一个互助网，其中囊括300所发展落后的学校，这些学校至少在1～2年间都曾出现过成绩大幅下滑的现象。[❷]这些学校会定期互访，也意识到了自身运作的失败并非个案——不过它们仍竭尽

❶ Steel,et al.,147.

❷ 该评论出自A.Hargreaves, D.Shirley, M.Evans, C.Johnson, and D.Riseman, The Long and Short of School Improvement: Final Evaluation of the Raising Achievement Transforming Learning Programme of the Specialist Schools and Academies Trust, London: Specialist Schools and Academies Trust,2007.

全力，迎接一项令人瞩目但却极其复杂的挑战。他们让学校里的学生与优质学校里成绩表现突出的同级学生取得联系，让他们帮助自己设定能够改善现状的短期战略、中期战略和长期战略。他们利用有限的资源开展面对面的互动活动和在线互动活动。他们取得的其中一项骄人成绩就是：在这300所学校中，有近2/3的学校在两年间学生成绩的提升速度是全国平均水平的两倍。

克罗斯利的团队与那什维尔市的34所重点中学建立了合作关系。[1]他们秉承的理念是：只要有可能，就会尝试依学校现有条件进行改建，而不是过分担忧它们到底缺少什么；旨在弘扬强大的信任文化，培养集体责任感；鼓励并督促这些学校在不断变化的过程中以数据为基础做出各种决策及对孩子们实施干预措施，让他们在互帮互助中更为密切地合作。随之发生的一个重大改变就是建立了基于学校本位的校长制，这对周围其他一些需要帮助的校长也是一种指引和引导。这种模式推动了学校之间的精准帮扶工作，让一些优秀的校长拓宽了领导范围，拓展了新的职业路径；让他们与各类学校保持密切的联系，而不是一直呆在区办公室里，他们会由此获得更高的报酬、更多的职位晋升机会和更高的地位。

上述这些举措，以及校际间合作，学校与用人单位相互配合等做法都令人印象深刻。2009 ~ 2010年间，那什维尔市的毕业率已经超过了80%，没有人会在意这些学校是否在政府的管辖范围之内。

从更高的层面来说，这么做的共同目的并不仅仅是为受益者提供上升的空间，它同样也提升了资助者的能力。在第一章中，我们了解到那些提升性领导者能够清楚地描绘出一个启发人们心灵的梦想，由

---

[1] 这段细节描述出自与克罗斯利的私人通信，2013年12月1日。

此提升做事的动力，提高绩效，并帮助人们到达一个可能超越自身想象的境界或状态。通过与对手和竞争者相互合作，实现一个更为崇高的目标，即共同创造社会价值，这个目标单靠一个组织是无法实现的。（一般人来看）这种做法有悖常理。

## 4. 合作优势

尽管如此，我们还是在全球最具文化竞争力的城市之一——新加坡，为竞争者相互合作这种做法找到了另一个有悖常规的理由。

新加坡所拥有的顶尖级别的教育系统极具竞争优势。学生11岁参加的考试，其成绩会直接影响到他们能就读哪所高中。放学后，许多孩子会额外聘请家庭教师辅导自己。尽管教育部长并不赞同这种做法，但这种富有竞争力的教育模式早已在新加坡社会落地生根。与此同时，积极推动全国教师培训工作的新加坡国立教育学院院长（Singapore's National Institute of Education）李盛光（Sing Kong Lee）也认为，抛开心中的最佳方案，反而会激发每个人不断地想出新点子，目前持有这种观点的并不仅仅是李院长一个人。教育部长王瑞杰（Heng Swee Keat）呼吁学校之间："建立更加密切的合作伙伴关系，以一个团队的模式共同追求卓越，所以即便不是所有的学校，也一定会有更多的学校因此取得不俗的成绩"。[1]

基于关注的焦点和兴趣点的不同，新加坡的每所学校都会自由组

---

[1] 王瑞杰，《我们的孩子，我们的目标，我们的未来》，是教育部长王瑞杰在义安中学会议中心召开的教育部工作计划研讨会上的演讲稿，2011年9月22日。

请参见www.moe.gov.sg/media/speeches/2011/09/22/work-plan-seminar-2011.php.2011年9月23日。

成团队，一方面展现这些学校取得的成就，另一方面提供其他学校可以从中学习到的东西。这种模式甚至也适用于为了维持社会地位和争夺生源，彼此间存在竞争关系的学校。例如，不久前，义安中学（Ngee Ann Secondary School）校长林益敦（Adrian Lim）就描述过学校曾经向56所以上的学校敞开大门，相互交流，并由此掌握了一些新的技术方法。不过义安中学“从未在争夺生源方面失败过”，因此也觉得“没什么可隐瞒的”。“如果你害怕竞争，”林益敦告诉我们：“你就会落在其他学校后面。”他认为与另一所学校共同合作，可以让教育工作者们真正地切磋一番，这样两所学校都会提升到同一水平。不过与竞争者建立合作关系的另外一个原因就是：一旦你把最佳的想法与竞争者共同分享后，你就会为了使自己保持领先优势，不断地想出更新的方法。

基督教神学中最著名的一个寓言是关于才能的寓言。[1]它讲述了一个主人在远游前，把他的家业分给了三个仆人。其中的两个仆人运用自己的才智，增加了家产的价值，当主人回来时获得了嘉奖；而第三个仆人则把主人所给的家业掘地埋葬了，没有使其增值，因此最后受到了严厉的惩罚。

这则寓言深深地震撼了我们年轻一代。它似乎在鼓励人们冒险，且无须承担任何责任，但对谨慎和节俭的行为却施以惩罚。它讽刺了像我们父辈这样的人，他们牢牢地握着仅有的一点点积蓄，以此避免家庭陷于危难之中。

我们能领会这则寓言的含义并不仅仅因为我们年纪大了或生活条件好了，还因为我们已经意识到天赋既有货币价值，也是才能

---

[1] 有关才能的寓言（或称之为黄金袋故事）参见马太福音第25章，14-30.

的一种表现。当人们拥有这种天赋的时候，我们希望他们并不只是感到幸运，如果我们想从中获得巨大回报，那我们就必须创造条件去发掘这种天赋，投资和增强这种天赋，让这种天赋不断发挥作用。我们应该传播和集聚各种才能和创意思想，而不是秘密地封存它们。

杜邦公司的首席执行官艾伦·库尔曼（Ellen Kullman）提醒我们："科学无国界……我们必须极其广泛地在全世界范围内传播科学知识，但解决方案和应用程序的设计却必须实现本地化。"[1]库尔曼热衷于推进科学的市场化运作，积极地协助客户取得成功。杜邦公司就是一个成功的例子，该公司调整了组织架构，从而利于其制定各类决策，拉近与全球用户的距离；它直接面向当地市场，为其提供更多的合作契约、合作机会和解决方案。农业市场极具本地化特征，依赖于当地的天气和其他条件，因此，如果把种植在一个地方的农作物移植到其他地方，很可能就无法成活。为了在地方市场推广全球科技，杜邦公司创建了全球合作实验室，有关内容已在第一章有所阐述。

这也是一个极具个性化的综合性科学工程。科学家们在化学、生物、材料科学和工程学的临界边缘找到了应对这些复杂性挑战的解决方案——所以杜邦公司未来能否做强做大，就依赖于这些专业人才所具备的跨界合作能力，以及是否可以把科学技术和实践操作真正结合起来。杜邦公司与英国奇尔弗特公司（Kilfrost）之间的合作就是一个成功典范，他们曾共同为日本全日空航空公司（All Nippon

---

[1] M.S.Whittle, DuPont CEO Ellen Kullman Discusses Market-Driven Science, Finding Sustainable Solutions to Global Challenges, UVA Today, April 2, 2013, news.virginia.edu/content/dupont-ceo-ellen-kullman-discusses-market-driven-science-finding-sustainable-solutions.

Airways）开发出一种用可持续性生物衍生材料制成的除冰剂。正是基于这种合作模式，杜邦公司才会面向全球市场首次推出这一产品。[1]

杜邦公司也会在一些市场细分领域（如燃料市场），与它的竞争对手建立合作关系。杜邦公司和英国石油公司（BP）曾经不惧任何游戏规则，共同建立了亲密的合作伙伴关系。他们从可持续性资源中提取了一种生物丁醇调和燃料。因为丁醇比乙醇的辛烷值更高，与汽油的调和比例为16%，相比乙醇调和比例为10%，因此燃烧每加仑的燃料可以跑更远的路。此外，它的碳排放量较低，这也更有利于保护环境。[2]尽管市场竞争异常激烈，但库尔曼仍坚信："我认为竞争有益于经济的发展，有利于我们自身的发展，这是因为它会让我们持续保持竞争状态；让我们持续关注那些重要的事情，关注如何实现创新，从而让我们的客户感受到与众不同……那么作为一家公司，我们就是在创造价值。"[3]

所以说，对手之间的竞争行为不仅有利于企业的发展，还会让对手之间的关系更加融洽（正如网坛上威廉姆斯姐妹间的手足之争）。在个人素质、成绩、创意理念等整体水平逐渐上升的过程中，每个人都会感到自豪，并享受其中的快乐。其结果就是人们会很乐意去分享他们的想法和才艺，并让这些想法和才艺广泛地传播出去，他们最终会发现自己由此获得了意想不到的回报。

---

[1] 有关生物衍生剂环保效用的更多信息，请参见：www.dupont.com/corporate-functions/our-approach/global-challenges/protection/articles/environmentally-sustainable-deicing-fluid. html.

[2] 请参见解释生化丁醇环保作用的简短视频，网址为www.youtube.com/watch?v = K4SKsv4jws8.

[3] 摘自与艾伦·库尔曼在经济俱乐部的一次访谈，2013年10月10日，请参见：www.economicclub.org/doc_repo/Kullman%20 Transcript.pdf.

另一方面，如果你营造了一个充斥着稀缺性和恐惧感的糟糕环境——每年解雇一定数量的员工或设定一个目标，只为击败所有的竞争对手，人们就会埋没自己的才华，以免失去它们或被其他人窃取。如果澳大利亚的板球队总能击败所有的竞争对手，那就不会有观众想要去观看澳大利亚板球队或其他任何一支球队的比赛了。当然，也不会有人欣赏在同一领域中可以击败所有竞争对手的商业垄断行为。这就是之前微软公司和其他一些大公司曾经触犯反垄断法的一个原因。以你所在地区的有线电视公司为例，《洛杉矶时报》(Los Angeles Times)的一篇文章讲述了处于垄断地位的两家公司——康卡斯特(Comcast)和时代华纳(Time Warner)，它们垄断着有线电视服务和互联网接入技术，但技术创新方面却毫无进展。因为该领域遏止了竞争，所以无法改善服务质量，例如无法提升宽带速度；也正是因为这个原因，在与其他国际竞争对手相对抗时，美国的企业始终处于劣势。[1]

所以，问问你以及你所在公司的其他员工：你是否准备好放弃旧的想法，提出一些新的观点？这种想法不仅可以增强你的合作能力，还会让你保持领先优势。

## 5. 结论

有时当我们受到威胁时，直接的反应就是反抗。两年间，一家曾与菲亚特建立合作伙伴关系的汽车制造公司轻而易举地接管了菲亚特汽车公司，最终实现了两家公司的合并。加利福尼亚教师协会必须向

[1] M.Hiltzik, Cable Monopolies Hurt Consumers and the Nation, Los Angeles Times, August 23, 2013, articles.latimes.com/2013/aug/23/business/la-fi-hiltzik-20130823.

也可参见 S.P.Crawford, Captive Audience: The Telecom Industry and Monopoly Power in the New Gilded Age, New Haven, CT:Yale University Press,2013.

州长施瓦辛格提起诉讼，才能赢回那些被削减掉的学校资金，这笔资金曾被用于帮助加州最贫困的学生。当我们努力争取某样事物时，我们只能与反对者相抗争，除此之外别无选择。这就是提升性领导力所赋予的勇气和力量——但是这种做法也存在一定的风险。那些反对者可能会直言不讳地发表意见、冥顽不灵，甚至还会明目张胆地采取威胁手段。

但有时候，当我们站在城墙上，远远地看到敌人慢慢接近时，我们可能会迅速地拉起吊桥，架上大炮。此时，我们需要停下来首先确认一下，来者可能并非是敌人，或许是一个友好的盟友，或许是一个带来某种条约或休战协议的盟友。其次，这些敌人可能是你另一个敌对者的敌人，在这种情况下，它或许可以成为你的盟友。举个例子来说，诺基亚与微软公司的合并就是为了重获其在智能手机市场上的竞争优势而付出的一种努力。

所以在开战之前，你可能会先派出你的侦察兵，去打探一下你所看到的，出现在地平线上的人是敌还是友，准确估计对方的意图，探听对方的行进路线，衡量你可能获得的收益以及需要规避的风险。有时我们不得不直面危险，但未必需要进攻或刻意回避。

本章主要明确和探讨了三种极为有效的协同竞争组合模式：

（1）合作是竞争对手之间建立的联盟关系，期望值虽不高，但与企业独立运营相比，其创造的价值更大。

（2）提升性联盟合作中，所有的竞争者都会提升联盟整体以及每一位竞争对手的社会价值。

（3）处于合作的边缘，也有利于提升激励价值。人们可以提高自身的业务能力，并像战友一样并肩作战，不断开拓创新，同时在某种程度上彼此相互超越，从而让每个人都有所进步。

来自特定组织的经验和事实都清晰地表明：合作与竞争是不可分割的整体，两者的融合方式也很难区分开来。结合竞争的意图与合作的目的，调整共同努力的方向，为实现竞争优势而共同投入资本，这样我们就能从中获得更多的战略利益。提升性领导者知道这是获得持久性成功的平衡之术。

当然，把一切都暴露给你的竞争对手，就如同一只小羊羔把自己送给一只狐狸。[1]富有智慧地袒露心胸与愚蠢地、不设防备地坦诚之间有着本质的区别。但是市场竞争并不一定始终表现为零和博弈，即一方的收益必然意味着另一方的损失。我们已经目睹了竞合模式是如何强化学习，如何为所有的竞争者创建了一个更大、更好的市场，以及如何让每个人每天都能更加精力充沛地投入工作之中，并由此为每个人带来了更大的利益。

[1] 参见S.Baddeley and K.James, Owl, Fox, Donkey, or Sheep: Political Skills for Managers, Management Education and Development, 18, NO.1 , 1987：3-19.

# 第四章

# 推动力与牵引力

凯瑟琳·根特
(Kathryn Ghent)

多数情况下，站在后甲板上的船队队长吸到的空气是前甲板上的水手们已经吸过的。他自以为是自己先呼吸到了新鲜空气，但事实并非如此。在许多事情上，老百姓也是以同样的方式引导他们的领袖，而那些领袖却对此毫不知情。

——赫尔曼·梅尔维尔(Herman Melville)、莫比·迪克(Moby Dick)

## 1. 齐心协力

提升是团队成员共同努力的结果，仅仅一两位成员付出努力是不够的，所以需要建设一支强大且忠诚的团队。那些无法为业绩提升做出贡献，也无法承担集体责任的团队成员会拖累整个团队。提升性领导力需要拥有一支勇于承担风险，富有创造力的优秀团队，能够承认并容忍无心之过；团队内的成员能够积极地互换角色，交换立场。当领导力贯穿整个团队时，人们会相互激励，共勉进步。

在提升性组织中，人们真诚地对待同事、忠于客户，愿意为了实现一个比任何个人目标都要远大的、宏伟的目标奋斗终生。这些组织不断招聘新人，愿意为顾客或客户提供相应的服务，在组织内开展专业实践活动，为组织开展的一切活动提供支持。

提升性领导力能够吸引并留住优秀人才。组织中的许多优秀人才业绩突出，在那些已经工作了几十年的长期雇员的帮助下，每个人都有了一些转变。这样的环境会催生员工内心强烈的忠诚感，为了获得他们想要的东西，人们不得不长期努力地工作，并在不断的追求中与其他人一争高下。这种忠诚感会让领导者在不失去民众支持的情况下尽快做出艰难的决定。

在提升性组织中，忠诚并不意味着顺从那些职级更高的领导，也不需要互开方便之门——即顾及往日的交情或为了获取长远的利益而达成交易。相反，“忠诚”或“效忠”意味着向别人做出承诺，并关心他们的生活。为了提高人们的预期和承担更大的风险，那些提升性领导者会积极地建立人际关系，赢得同事们的高度信赖和绝对忠诚。领导者了解他们的下属，不会强加给下属一些遥不可及的期望。如同亚历山大·仲马（Alexander Duma）的《三个火枪手》一样，提升性领导者所创建的文化即“人人为我，我为人人”。[1]

## 2. 互相鞭策

提升性领导者会在人们保持绝对忠诚的同时，向人们施加残酷的同行压力，因为人们会努力让自己超越之前的个人最好业绩，所以同行压力会蔓延至整个组织，这会促使每个人相互扶持，相互竞争。社会道德的进步和情绪的高涨会提升组织绩效，使之达到最高水平。许多领导者会采取恩威并施的方式。只施加压力，不给予扶持的做法会

[1] A.Dumas, The Three Musketeers, New York: Bantam Books, 1984, Originally Published 1844.

制造太多的压力，进而降低绩效；而只扶持，不施加压力的做法则会保护人们的积极性，但不会让员工有所进步。因此最佳方案需要包含上述两种要素。

这种压力—扶持的组合模式可以看成是19世纪刚刚出现的“胡萝卜+大棒”政策，即人们所熟悉的一个画面——一头驴子一边用胡萝卜加以诱惑，一边用棒子驱赶它。通常，奖励和惩罚适用于那些在工厂里重复着枯燥工作的工人。20世纪，围绕着麦格雷戈的X理论发展起来的管理理论与上述激励模式相吻合，而他的Y理论则假设每个个体本身都有着努力工作的意愿。[1]我们发现提升性领导力是一种激励着人们拉近彼此间距离的能力。提升性组织显现出了一系列复杂的推拉式特征，而这已深深融入组织的信仰和实践之中。

## 3. 合作共同体

现代企业会借助多种合作形式，提升员工的忠诚度。有时，他们会花费精力，精心策划一些具有象征意义的大型活动。例如，斯图尔特·罗斯爵士（Sir Stuart Rose，玛莎集团主席）就做了一件史无前例的事情，把玛莎百货的100名高级经理拉到电影院，观看纪录片《难以忽视的真相》（An Inconvenient Truth）——这是由阿尔·戈尔（Al Gore，美国前副总统）发起的一项旨在不断强化全球变暖危机意识的活动。[2]有时，团队建设工作还包括组织机构的变革，如矩阵式管理；也包括日常工作中众多品牌之间的相互合作，旨在配合整个公司其他各项职能工作的开展，例如客户服务。举个例子来说，菲

---

❶ D.McGregor, The Human Side of Enterprise, New York: McGraw-Hill,1960.

❷ 第六章详细介绍了玛莎百货的故事。相关资料出自斯图尔特·罗斯爵士（Sir Stuart Rose）在英国卫报发表的一篇有关商业领袖角色变化的文章，参见：www.theguardian.com/sustainable-business/sir-stuart-rose-changing-role-business-leaders.2012年3月29日。

亚特汽车公司里的众多品牌就是如此展开合作的。

有时，团队建设工作会受到组织惯例和各种关系的影响——如果团队采用角鲨头公司的经营方式，那么很有可能每件事都会处于“失控状态”。有时，从本质上来说，工作本身就是一种团队合作。在网络零售商shoebuy公司里，各级员工会携手合作，为网站的优化设计共同努力。[1]不过，当整个行业形成联合体时，团队协作和合作模式就会趋于最大化。

全球体育明星和时尚偶像大卫·贝克汉姆最引以为傲的时刻就是2012年在伦敦之旅的最后一站奥林匹克公园传递奥运圣火。当贝克汉姆乘坐快艇，沿着泰晤士河急速前行时，英国女王已经空降体育馆，正与全世界数百万人一起翘首等待着。当他在伦敦塔桥下一闪而过时，烟花瞬间在夜空中绽放。很少有人知道这艘独一无二的英国皇家快艇是由斯科特巴德跨国公司生产的专业化高档化工产品拼装而成的。[2]

斯科特巴德在全世界范围内雇用了600名员工，生产基地集中在欧洲、中东和南非。它专门为豪华游艇和欧洲之星高速列车提供树脂和树脂化合物，营业额高达2.9亿美元。公司归属于全体雇员，旨在打造利益共同体——即群体共同建立的集体所有制公司。企业富有社会意识，受这种观念的支配，斯科特巴德公司不仅存活了下来，而且在21世纪——全球资本高度竞争的科技时代迅速发展了起来。

斯科特巴德成立于1921年，创建者瑞士人厄内斯特·巴德

---

[1] 本书将在第五章进一步了解 shoebuy.com.

[2] 本书给出的有关斯科特巴德(Scott Bader)有限公司的数据、引证和资料及后续阐述均源自“远超预期的企业绩效”研究期间搜集到的一手资料。我们可以从公司网站上搜集信息，充实一手数据，请参见www.scottbader.com/。关于斯科特巴德公司的创始人厄内斯特·巴德的生平和背景信息，请参见S.Hoe, The Man Who Gave His Company Away, London:Heinemann,1978.

（Ernest Bader）因信仰问题拒绝服兵役。初创的30年里，这家公司与其他的成功企业没什么太大区别。这家公司业绩出色，所获得的利润为巴德和他的家人提供了经济保障。巴德在年近61岁时决定调整公司目标——即做大做强企业的同时，积极行善，这是当今众多组织都力争实现的目标。他开始坚信，依靠资本雇佣劳动者的世界是无法延续下去的，相反，他认为雇佣工人应该自己持有股权资本。

1945年，厄内斯特·巴德（Ernest Bader）加入了教友派。他认为，劳资关系、商业技术方法、民族与和平主义是融为一体的。他坚信合作是平衡工作和生活的最佳模式——两者绝非相互冲突。因此在1951年，他把公司股份转让给斯科特巴德的全体雇员，让雇员们成为这家新公司的合作伙伴，从而与雇员们建立了合作关系。与此同时，他与雇员们群策群力，共同商定公司的章程，其中包括下述内容：

（1）公司里所有的员工都要行使合作伙伴的职责，而非雇员的职责；

（2）董事会主要向合作伙伴负责；

（3）实现合作伙伴之间的利润分享，其中留存一定比例捐献给慈善机构；

（4）工资差额的限定，即最高收入者的工资与最低收入者的工资，最多相差7倍；

（5）承诺公司所生产的任何产品都不会用在战场上。

厄内斯特·巴德远见卓识，他希望各行各业都能支持他的价值观念。他主张分富于民，即一些财富应该划拨给雇员，一些财富应该用来做善事，其中包括用在社区、开展社会活动和做慈善事业。斯科特巴德现任董事总经理是这样解释的："在厄内斯特·巴德的视野中，我们不应该破坏万世万物……而是应该帮助这个世界。我们应该提升每样事物的价值，包括我们所做的一切事情、所生产的每件产品以及所赚的每一分钱。所以我们有一支称作‘自治协会’的团队，负责管理社会发展和慈善捐助事宜，为此我们每年支出140000英镑。集团工资的1%捐给慈善机构。这些价值观吸引着员工，提升了员工的忠诚度。这是对公司、社区和雇员真正意义上的关心关爱。”

斯科特巴德公司的雇员忠于公司、忠于彼此，为公司目标努力奋斗，这其中蕴含的历史意义一直都是吸引员工、留住员工的重要原因之一。公司因此有了极大的号召力，公司的培训发展部经理这样回忆道：“吸引我加入这家公司的其中一个原因是公司建立的信任机制，对于斯科特巴德公司自成立以来一直坚持的这些理念，我表示极为赞同。”人力资源总监强调：“我们公司的首要原则是信任……公司以诚信为宗旨。任何交易都需要诚实守信。我们所有的员工都需要接受他人的挑战，但需要彼此相互尊重。”

这就是作者约翰·哈格尔（John Hage）、约翰·史立·布朗（John Seeley Brown）和朗·戴维斯（Lang Davison）提出的牵引力——即组织用目标和原则吸引员工加入的能力；领导者带领其他员工充满激情和热情地投入生产的各种能力。[1]牵引力强调的是：与把理念灌输给员工同等重要，或者说更重要的是要牵引着他们主动了解你所提供的理念。传统意义上来说，作为一个自治群体，斯科特巴德公司已经以极为独特的方式做到了这一点。

斯科特巴德是一家公司、一家慈善机构、一家没有外部股东的股份公司。公司较为独特的治理结构可以确保任何人不会拥有太大的权

---

[1] J.Hegel III, J.S.Brown, and L.Davidson, The Power of Pull: How Small Moves, Smartly Made, Can Set Things in Motion, New York: Basic Books, 2010.

力，不会损害其他人的利益。自治协会掌管这家公司，且代表着公司的最高权威机构。像其他公司董事会一样，自治协会每个季度开一次例会。董事们拥有绝对的对外代表权，但不参与公司的日常运作。他们必须认可公司章程的任何修改，在危急关头有权力采取任何行动。自治协会的董事会持有斯科特巴德公司受托人的股份。每年会有六人当选为董事，同时有两位董事离任，任何一位员工都可以参与竞选。

在第二次世界大战后的英国，一家有着诸多限制条件的集体所有制公司存活下来的可能性很小——但斯科特巴德公司却日益强大起来。该公司借助其内在力量安然渡过了英国备受罢工潮困扰的20年（20世纪60年代~20世纪70年代期间），这一点远胜于其他竞争企业。

20世纪末，化工行业真正意义上的全球市场的出现对公司的生存能力构成了前所未有的挑战。面对国际化竞争和无限拓宽的市场，斯科特巴德大家庭般的合作氛围逐渐演变成一种家长式领导作风，人人变得骄傲自满。在斯科特巴德工作被很多人视作是一份终身职业，员工会与公司一同成长。当职位出现空缺时，公司就会尽可能地从内部提拔，但因为缺乏新鲜血液的注入，所以也极大地限制了思维拓展和创新。

尽管公司保证产品的高质量和价格的合理性，但管理模式和业务实践却没能与时俱进。人们开始将斯科特巴德视作一家发展平稳但却了无生趣的公司。公司不鼓励冒险行为，而是要求应尽可能规避风险，但这缩小了利润空间，营业额持续下降。看来，为了自身发展，公司需要一种推动力。

2005年，新常务董事菲利普·布鲁斯（Philip Bruce）入职公司。用他自己的话来说：“这个地方毫无生机可言，死气沉沉。如果斯科特巴德公司采取的不是雇员所有制，那么这个地方很可能已经倒闭了或是被跨国公司并购了。”人们怀有一种根深蒂固的想法，即公司运营的核心目标并不是获得利润，而是履行公司的社会责任。布鲁斯记得在一次公司会议上，有人确实说过："斯科特巴德公司并不是以营利为目的的。""那么钱从哪里来？"布鲁斯接着说："这有点像魔法尘埃附着在斯科特巴德公司身上，我们可以得到任何我们想要的东西。所以不管怎样，利润都不那么重要。"

2003年，这家公司遭遇金融危机，到了2005年，斯科特巴德公司迫切需要一次转机和提升性领导力，以此带来公司的转变。斯科特巴德公司此后的转变取得了显著成效，同时也坚守着公司的指导性原则。这家公司再一次获得了巨大成功，重新盈利9.2亿美元。即便是在2007年爆发世界金融危机期间，公司也依然向慈善机构捐款，并通过扩张获得投资收益。这家公司以同样的原则，在克罗地亚和美国开设了新工厂。现如今，10%的公司雇员致力于研究和开发。2012年，斯科特巴德公司凭借本年度的科技创新产品——工业无底漆结构型胶粘剂，最终入围英国私营企业奖。那么，提升性领导力究竟是如何实现这一切的呢？

实现公司改革的第一件事就是任命一位新董事长来接替前任，人们描述这位前任："是一个好人，但缺乏带队者（该有）的雄心壮志"。[1]这位新的领导者向人们展望了一个充满生机的未来。他一直任职于一家大型跨国化工企业，在引进现任董事总经理菲利普·布鲁斯的过程中起到了至关重要的作用。菲利普·布鲁斯是从其他公司挖过来的，而之前的董事总经理是内部提拔上来的，原来的职位是人力资源主管。一位产品经理告诉我们：

---

[1] 引自一位高级行政管理人员的原话。

**“如果公司要生存下去，那么领导层的换届就势在必行。很明显的是，菲利普的加入确实让公司完全恢复了活力。是的，几乎所有的管理团队都发生了改变。作为结果，新能源开始投入生产。我想如果他没有入职公司，没有做出这些改变，那么我们现在就不会在这里了。”**

布鲁斯知道，为了让斯科特巴德公司生存下去，他不得不放弃那些神圣的目标。很明显应该辞退一些员工，但这种做法完全不符合主流文化。因此，布鲁斯并没有立即采取行动，而是先搜集到了一些数据。他发起了一项能够快速了解实际情况的客户调查，调研结果充分表明，为了满足顾客的需要，公司应该建立更高的目标。在压力之下，公司建立了一个新的绩效管理系统，该系统为公司提供了绩效不佳的证据。此时，整个公司的人都意识到了公司没有获得任何利润，有些雇员也没有发挥出作用。因为董事会对所有公司员工负有责任，所以要作出解雇那些无法转变思想的雇员的决定异常艰难。

布鲁斯发起了一项文化觉醒运动。在公司重新获得盈利之前，他要向人们所奉行的公司价值观发起挑战。他不得不在公司盈利和社会责任之间进行权衡。考虑到盈亏底线问题，斯科特巴德公司员工一直坚持的，也是一直为外人所称道的“忠于社会、忠于彼此”的理念还是逐渐失去了光环，并最终遭到摒弃——如果没有最基本的盈利能力，任何一家公司都不会聘请到员工，也不会为客户提供服务，或向慈善机构捐款。这是一种完全的失衡状态——只有牵引力，没有推动力，而职业安全感则以公司盈利为代价。布鲁斯依据厄内斯特 · 巴德（Ernest Bader）所提出的令人振奋的梦想，进一步描述了他所面临的挑战的双重性质：“在不丧失盈利能力的情况下，如何把我们组织中人的自由、幸福感、人的尊严最大限度地组织或融合在一起。”

公司的文化已经从乐善好施、家长式作风转变成了一种更为现实的、能产生更多效益的集体负责制和问责制。公司开展的一项培训和发展计划旨在让人们在自己的工作中担负起更多的责任。公司的管理模式鼓励新思想，激励员工发明创造，同时更加强调了研发的重要性。通过改进数据的使用方式，公司减少了储备库存，简化了供应链。这些现代化的工作实践方法让公司重新获得了利润，为公司及其未来提供了保障。

必须调整公司高层的人事安排，转移公司关注的焦点，与此同时，高管以下级别的员工却无须做什么调整。公司一直维护着体验式客户关系的延续性，保持着独特的合作理念、诚信服务，并坚持开展慈善捐赠活动。即便是经历了艰难的重组之后，一位高级执行官说道："我们依旧保持着较高的水准。我们维系着绝大多数的客户关系，去年和我们做生意的客户依然会选择我们。所以，如果你是一位再次致电给我们的客户，那么与你通话的很可能是同一位雇员，他们会比较了解你。这些客户关系是非常、非常坚固的。"

在斯科特巴德公司，提升性领导力通过带来根本性的变化和实现文化传承等方式，既恢复了盈利能力，也保护了公司独特的道德诚信品牌。即便是在经济紧缩年代，斯科特巴德公司仍向慈善机构捐出了同等比例的利润。公司成员凝聚在一起，相互促进以期达到更高的绩效水平。一种新的危机感与忠诚感相互并存。绝对的忠诚以及伴随而来的积极作为让公司在取得实际业绩的同时，也赢得了信任，而这种信任绝不是盲目的效忠公司。为了提升组织未来的全球竞争力，组织重视社会合作和诚信合作，而这些过往的历史也早已与现代商业实践活动融为了一体。对于组织的高层而言，这是一种新的思维模式，但对于基层员工而言，却意味着传承与革新。公司的每个人都意识到了这样一个事实，即如果你自己本身都无法立足，你就更谈不上为世界及其未来做什么贡献了。

对于任何组织而言，忠诚于事业和公司团队是一项重要的资本，不过只有当它服务于公司更高的目标时才会发挥出作用，且“保持忠诚”并不能成为一项法律。如果因为保持忠诚而扼杀了创新力，袒护了平庸之辈，助长了群体思维，为了广施善缘而过于追求集体利益，那么忠诚只会让组织最终走向衰败。如果合作中能够坚守公平、公正以及人际交往的道德准则——当他们自身能够适应当前的经济时代，且做到与时俱进时——通过合作就会增强竞争力，而非削弱竞争力。基于这种方式，工作团队才能利用创造出的利润实现道德目标，这一点对他们来说极为重要。

## 4. 同心协力

团队协作是凝聚人心，提高忠诚度的重要要素之一。不管客户或顾客是否注意到，21世纪每一个成功的企业都需要借助团队合作来完成各项工作。团队协作是提升性组织的一项重要任务——通常来说，团队协作在体育竞技中表现得尤为明显，因此我们就举一个体育界的案例，看看高效的团队是如何组建起来的。

在体育竞技中，团队、团队合作伙伴、团队精神等理念的产生可以追溯到很久以前。但“团队”一词实际上早在中世纪英语和古时候的北欧语言中就已经存在了。在当时，团队意味着一群拴在一起的动物——就如同一群牛。更有趣的是，“团队”一词在早期的用法中，意味着“连拖带拽”。[1]

---

[1] 韦氏大辞典(Merriam Webster dictionary)，请参见www.merriam-webster.com/dictionary/team.

在现代竞技体育中，球队并不一定要施以压力，强行迫使或推动革新，相反，他们会引导变革。团队将队员紧密地团结在一起，引导着他们为了实现一个令人振奋的、重要的目标和目的努力向前。

世界上最古老的团队运动之一就是爱尔兰式曲棍球比赛。每支球队的15名队员手握一端带有短木棍的球棒，可称作爱尔兰曲棍（hurley），以冰上曲棍球的速度快速击中、传递、夹带一只皮革缝制的球（或称作sliotar）。爱尔兰式曲棍球全国总决赛吸引了超过8000名观众集聚到欧洲最大的体育场馆之一——都柏林的克罗克公园。

在爱尔兰，曲棍球比赛一直都是民众推崇的焦点赛事。这是一项野蛮运动，通常会演变为暴力冲突，但对于观众和参与者来说，这仍然是一项非常受欢迎的业余运动。整个爱尔兰有超过2500家曲棍球运动俱乐部。在爱尔兰的32个县区里，每个县都会组织本县内各行政区、各村庄的球队开展竞技比赛。对于当地政府和爱尔兰民众而言，这项运动有着强大的吸引力。

在位于基尔肯尼郡的兰顿酒店里，大众酒吧的墙上并排悬挂着多幅照片，它们记载着当地身着黑色和琥珀色条纹的曲棍球队队员几十年来所获得的成功。[1]在酒吧喝一杯啤酒的功夫，你就会听到众多曲棍球比赛英雄们的故事。在基尔肯尼郡，与其他各项运动相比，曲棍球比赛的影响力是巨大的。2000 ~ 2012年期间，基尔肯尼郡赢得了9次爱尔兰国家级曲棍球锦标赛的冠军，其影响力相当于美国橄榄球超级杯赛。实际上与爱尔兰大多数的郡市相比，基尔肯尼郡内的盖尔运动协会（GAA，Gaelic Athletic Association）俱乐部并不多，

---

[1] 本书给出的有关基尔肯尼郡曲棍球队的数据、引证和资料及后续阐述均源自“远超预期的企业绩效”研究期间搜集到的一手资料。

且在基尔肯尼郡，这只是一项业余运动项目，球队不太可能通过与非本地球员签约来弥补自身不足，尽管如此，该地区还是取得了骄人的成绩。

在基尔肯尼郡，人们从小就会接触曲棍球运动。布伦丹·奥沙利文（Brendan O'Sullivan）是该郡市的一名选拔评委，对他来说“曲棍球运动已经成为生活的一部分。它已融进你的血液，陪伴你一生，与你共同成长。无论你走到哪里，你都会见识到曲棍球运动。”毋庸置疑，这项运动吸引了太多人。

在基尔肯尼郡，为了支持当地的曲棍球队，每个人都愿意投入时间、精力和金钱。主教练布瑞恩·科迪（Brian Cody）相信，如果基尔肯尼郡的每个人都能竭尽所能，奉献一切，那么他们的球队也一定可以做到。因此俱乐部必须创造机会，让人们向那些出于对传统的尊重，加入基尔肯尼郡曲棍球队，身着基尔肯尼郡曲棍球队球衣的球员表达深深的谢意和欣赏之情。科迪说道：“传统意义上来说，有盖尔运动协会俱乐部的地方，就有曲棍球运动。”“球员们的祖祖辈辈都受到曲棍球运动的影响，对他们而言，将其传承给子孙后代是一种使命，也承载着巨大的荣耀。”

球队成员时刻记得自己的出身，他们感谢当地政府予以的支持，迫切地想把所有这一切传承给下几届球员，这些都意味着球队知道大家必须齐心协力，拧成一股绳。1999年赛季刚刚开始时，科迪被任命为球队主教练，此前基尔肯尼郡已经有7年没有摘得过全国总冠军的桂冠了。与培训美国女子足球队的思路一样，科迪首先想的并非是重新摘得桂冠，而是要在整个组织中培养一种团队精神。他想要让每个人都非常、非常努力地投入训练，保持诚实、正直的品行。他说：“我们要树立一种精神。”在他看来，这种精神就是2000年球队走向

“成功的基石”。

当孩子们开始参与这项运动时，应该思虑周全地着手建设团队精神，且应尽早开始。基尔肯尼郡对曲棍球运动采取了一种包容的态度，与取胜相比，更强调享受比赛过程的重要性，并试图让尽可能多的年轻人参与到真实的比赛中来。选拔官布伦丹·奥沙利文强调了参与比赛的价值。“一共12名队员参加比赛，球队里没有替补队员。”他说：“换句话说，在某个寒冷的早晨，他们不会坐在长凳上，翘首等待着上场。”每名团队成员都有机会上场。

对于任何层面的团队精神而言，相互尊重都是其中不可或缺的组成部分。团队中任何人都不应该忘乎所以——或者说任何人都不应该如此。国家队的选拔官马丁·福格蒂（Martin Fogarty）指出：“球队里的每个人都要尊重其他人。”即便是最优秀的球员也会说：“如果选中了我，说明我（的技术）还不错。”这些做法旨在鼓励基尔肯尼郡的球员们接受他们在比赛中所做的一切，但不能让结果冲昏头脑。用科迪的话来说，“脚踏实地”非常重要。他不断地提醒队员：“如果你忘记了你的出身，你在做什么，你代表着什么（如果你突然间觉得自己地位超然），那么你就不会取得永久的胜利。”正如伯恩利足球俱乐部的教练们一样，福格蒂敏锐地意识到：“如果你是一名自负的顶级球员，那么这种自负会毁掉整场比赛。”

如果说团队精神取决于或者说需要相互间彼此尊重，需要一种真正谦卑的态度，那么它同样需要对成败得失做出坦率真诚的评价。这个过程有压力，当然也有动力——实际上，动力也是一种压力。在基尔肯尼郡，球员们需要客观地评价自己的表现，坦诚地待人待己，接受比赛的任何结果。主力队员德里克·朗格（Derek Lyng）曾说过：“团队里讲究透明，如果你在训练中进展不顺利，你就知道自己十有八九踢得不好——就是这么回事。因此你必须振作起来，掸掸身上的灰尘，继续训练。”

当然，事情并非这么简单。有时，同伴相互间的支持也会变成同行间的竞争压力。用马丁 · 福格蒂（Martin Fogarty）的话说：“如果你愿意，你可以在队伍里大声呐喊，但如果队员不买账的话，那也无济于事。队员们需要相互呐喊支持，如果有一名新的队员加入，没有这么做，那么其他同伴就会告诉他该怎么做。”

团队精神无处不在，它是一种鼓舞人心的力量，带领着球员共同进步——它能让人兴奋不已、活力四射、激情洋溢、欢欣愉悦，乃至把人们带至人生的巅峰。我们发现，对于那些拥有相当实力的不同个体而言，为了实现一个特定的目标，这种品质仍发挥着重要的作用，带动彼此共同前进。[1]团队精神会把球员的些许感受转化成一种寓意、一种挑战的力量、一种情感上的升华，以此提升团队的绩效——同时在这一过程中展现出群体精神。

## 5. 施以同行竞争压力

在传统的合作背景下，公司主要采用推拉战术扭转局面，而对于优秀的运动队而言，推动力和牵引力则是其发展的两大关键要素，两者相互作用，相互影响。但这种理念是如何在贫困地区的教育改革中

---

❶ 牵引力与推动力是超强球队成功的根源，也是安迪 • 博因顿和比尔 • 费舍尔所说的“能人团队”的成功之本。能人团队，即其中不乏极其自负的杰出人才，他们相互激励，共同完成像曼哈顿计划这样的伟大任务。请参见A.Boynton and B. Fisher, Virtuoso Teams: Lessons from Teams That Changed Their Worlds, New York: Prentice Hall,2005. 目前针对团队合作及其领导力的影响问题的研究已积累了大量的学术成果，其中有关高管团队相关问题的研究请主要参见R.Wageman, D.A.Nunes, J.A.Burruss, and J.R.Hackman, Senior Leadership Teams: What It Takes to Make Them Great. Cambridge, MA: Harvard Business School Press, 2008.

发挥作用的——不只是适用于某一个学校，而是在极度贫穷地区的所有学校都适用？

繁华的伦敦西区是西方社会最大的私人财富集聚地之一。可是就在2012奥林匹克主会场的旁边，沿着泰晤士河，却坐落着伦敦东区——这里是英国几个最贫穷社区的所在地。19世纪，随着人口的迅速增长，伦敦开始扩建码头，服务于日益发展的大英帝国。同纽约市一样，伦敦东区吸引了大批的移民前来定居，其中有法国的胡格诺派教徒、爱尔兰人、阿什肯纳兹犹太人等。[1]从1988年开始，那些从孟加拉移民过来，侥幸逃脱了横跨孟加拉湾的洪水灾害的可怜难民，是这批移民潮中最新的加入者。

伦敦东区包括陶尔哈姆莱茨区和哈克尼区的一部分。就贫困而言，伦敦东区一直是英国最严重的地区之一。1996年，拥有97所学校，近42000名学生的陶尔哈姆莱茨区位列英国149个地区（学区）的第149位——即国家教育成绩排名最低，哈克尼区名列倒数第二。尽管伦敦东区曾经是英国蒸蒸日上的港区产业的发源地，但自20世纪60年代后的30年里却开始走向衰败。20世纪70年代，当运输航线沿着泰晤士河河口发生位移时，伦敦东区关闭了最初建起的码头，老港区由于受到失业问题的影响濒临崩溃。那些能够找到工作的人都搬走了，留下了空空如也的厂房、楼宇与街区，这是城市衰败的印证。留下来的人们几乎没什么活计——似乎从一开始，他们就没有为这个地区带来什么技术优势。

在接下来的20年里，伦敦港发展公司（London Docklands Development Corporation）把大部分地区改造成了装饰着炫目多

[1] 胡格诺派教徒移民到伦敦东区的这段历史，请参见www.oldbaileyonline.org/static/Huguenot.jsp.关于犹太人移民的这段历史，请参见www.bbc.co.uk/legacies/immig_emig/england/london/article_2.shtml.

彩玻璃的塔楼，从而建立了繁荣的新金融中心——金丝雀码头。尽管这一举措创造了82000个新的就业机会，但获得就业机会的却主要是外地人——这意味着当地人依旧发现自己找不到工作。直到2001年，陶尔哈姆莱茨区依旧是英国失业率最高的地区。[1]

生活在陶尔哈姆莱茨区的一代代贫困者对该地区孩子们的成长和家庭的发展几乎不抱任何期望。[2]在这里工作的教师们可能会认为，他们正在伦敦东区从事一项功在千秋的事业——但对结果却不抱太大希望。一位前任校长回忆说："究竟这里的孩子们能做些什么，人们对此问题的观点，让我相当震惊。当我前去参观学校，询问为何在图书馆里找不到一本小说时，他们告诉我，这是因为孩子们读不懂。我询问一些孩子在学校里擅长做哪些事情——他们告诉我他们擅长打架和缝合伤口。只要孩子们在学校里是安全的，能得到很好的照顾就可以了。"这种观点已经得到家长、教师和孩子们的普遍认可，没有人会指望孩子们能获得多少学业上的成就，更没有人会向政府施加压力，要求提高教育质量。

最初的状况如此糟糕，究竟如何改善？第一步是坚定地认为只要给予学校恰当的支持与保障，出生在贫民窟的孩子也能达到与其他孩子同样的水平。当克里斯汀·吉尔伯特（Christine Gilbert）受命担任陶尔哈姆莱茨区教育总监时，全区的教育质量位居全国倒数第一。自其上任以来，她就一直在积极推进此事。在来陶尔哈姆莱茨区上任之前，吉尔伯特在教育领域业绩显赫。作为之前一所高中的校长，同

---

[1] 本书给出的有关陶尔哈姆莱茨(Tower Hamlets)区的数据、引证和资料及后续阐述均源自"远超预期的企业绩效"研究期间搜集到的一手资料。

[2] 2010年陶尔哈姆莱茨区是英国排名第三的贫困地区。哈克尼区是最贫困的地区，伦敦东区的贫困人口也极多。我们所用到的陶尔哈姆莱茨区的贫困指数与哈克尼区、伯恩利区的贫困指数是一致的。参见2010年英国贫困指数，地方政府工作摘要. 网址为：www.gov.uk/government/publications/english-indices-of-deprivation-2010.

时也是取得骄人成绩的伦敦地方当局的一位执政者，她带着一身荣耀而来，以往的事实也证明，吉尔伯特功绩卓著。她下定决心实现一个梦想，即只要正确引导，陶尔哈姆莱茨区的孩子们就能获得和以前所在学校的孩子们一样好的成绩，陶尔哈姆莱茨区就会日益繁荣起来。

吉尔伯特要求学校的教导员、顾问与班主任一起工作，共同设定富有挑战性的测试成绩目标。当地政府向学校提供详细的数据资料，里面记载着学校的评估情况，以及相应的学生进步情况。班主任会基于之前学生的成绩表现，预测每年学期结束时学生可能取得的考试成绩。随后找到他们的教师，共同探讨如何竭尽所能，为每一位学生提供额外的帮助——无论是在上课前、上课过程中，还是放学后。完成这些艰巨的任务需要人们付出更多的努力，同样也需要在工作中给予实际的支持。学校设定的最终目标介于预期水平和巅峰水平之间，以此推动和带动学校取得更好的成绩。基于这种方式，陶尔哈姆莱茨区的各个学校开始制定（实现）这些宏伟的目标。

提升的过程绝不仅仅是目标设置的技术实现过程和统计过程，这需要团队成员提高预期期望值。当其他人只关注问题和不利因素时，他们则需要从中看到潜力和有利因素。很少有人会像凯文·科林斯（Kevan Collins）一样支持上述观点，他在2009年（本书课题研究期间）任陶尔哈姆莱茨区的区长，也是克里斯汀·吉尔伯特（Christine Gilbert）的接班人。

我们约了凯文在一家小小的孟加拉国餐馆见面，这家餐馆远离闹市区——位于陶尔哈姆莱茨区的布里克巷。当我们就座时，下面正在播放宝莱坞的音乐大片，言语间，凯文几乎难掩自己对这份工作的兴奋。

凯文·科林斯不仅是陶尔哈姆莱茨区的父母官，也是陶尔哈姆莱茨区的居民，他为此感到非常自豪，特意邀请我们在他家附近散散步。期间，他带着我们走过了开膛手杰克制造恐怖谋杀案的那些小巷。[1]随后他指给我们看一家黄铜铸造厂，美国自由钟就在这里铸造而成。就在伦敦最大的清真寺外一个拐角处，坐落着一个占地面积很小的犹太人教堂，它是彰显一个行政区域活力、历史文化和身份的标志之一。然后他用一种难以掩盖的骄傲之情，指着周围那些人——他们是第一代、第二代孟加拉国人，在当地各自经营着一家家小公司，他们繁忙地打着电话，为这个街区注入了新的活力，他说："我认为，孟加拉社区对自己充满了信心，这里存在着一种信念和激情，即——我们可以做事，这一点非常重要。"

在艰难岁月里，提升性领导力的其中一项任务就是让人们为自己以往的阅历和身份感到自豪，让人们对未来充满希望。凯文·科林斯和克里斯汀·吉尔伯特都明白这一点。吉尔伯特指出，对每个人而言，陶尔哈姆莱茨区都是一个充满吸引力的地方。一所中学的校长认为："伦敦东区让人颇为心动，这里历史悠久。如果你正就职于这个城市中的某一家大型企业，那么你可能会说，'我们正与伦敦东区的一所学校进行合作'，这意味着企业有着相当高的威望。"

反复重温这段历史，人们就会不断地赋予这个区域新的期望和建立新的归属感，同时也驱使着吉尔伯特和科林斯坚定不移地向当地声名狼藉的教育历史宣战。他们反对教育学家的希望渺茫论，反对用贫穷来掩盖教育的失败。这需要个人和社区共同推进此事，以宏伟的目标和坚定不移的信念为牵引力，实现这一目标。

过去的十余年间，因为整个社区范围内领导力的提升，使得该区域成绩表现名列前茅，从英国范围内成绩垫底，直升至全国的中上游

---

[1] 命案发生的地点，请参见 www.casebook.org/victims/map.html.

水平。学校自身实现这一目标所采取的其中一种方式就是齐心协力，协同工作。一位前任校长指出："这是学校校长之间采用的一种极为有效的学术交流方式……大家彼此之间相互照应。"她还说："不管这种挑战有多么艰巨，你总能找到其他人寻求反馈意见和支持。"当区域内13所中学中，其中任何一所学校遇到困难时，其他12所学校都会同心协力，共同帮助它渡过难关。

不过即便他们通力合作，陶尔哈姆莱茨区的每一所中学也依然会保持各自的竞争优势。克里斯汀 · 吉尔伯特解释说："一旦一所学校沿用这种方式，取得了比你更好的成绩，你可能会认为你丧失了竞争力——不过这确是千真万确的。"她继续说："这些中学的校长一直合作得很好，但实际上，私底下他们也在相互竞争。"

不言而喻，这其中隐含的意思是"如果他们可以做到，为什么我们不可以"？的确这里存在竞争，但竞争的初衷并不仅仅是超越别人，以显示你比其他人做得更好，而是更强调同自己竞争，尽你所能做到最好。因为这个系统的高度合作性，所以当一所学校比其他学校做得更好时，他们更愿意分享成功的秘密，从而让整个区域的学生都受益。这就是提升性领导力的本质：学校之间团结一心，群策群力，共同分享他们的最佳想法，同时借助同行压力，促进学生们取得更优异的成绩。

当强者帮助弱者时，各个行业的业绩都会有所提升。通常而言，这种"提升整个市场或行业业绩"的做法有利于提高各行各业的业绩标准。这并不全是一种发扬精神的自我牺牲，（同行之间的）友好竞争也从中发挥了一定的作用。

公共教育领域中，大多数的现代改革议程都靠人为推动，并不依赖什么牵引力。如果人们无法适应这项工作或无法提升业绩，那么只能遭到淘汰。如果教师们有实现目标的能力，那么社区就会尝试着为他们提供绩效奖金，激励他们不断提升自己。[1]在迈克尔·布隆伯格（Michael Bloornberg）市长把公司的那一套绩效工资模式用在纽约市公立学校系统之后，教育部花费了20亿美元用于奖金支出。但是，这种模式和支出的奖金并没有对学生的成绩和教师的态度带来什么改观。[2]不过陶尔哈姆莱茨区教育工作者还是共同制订了宏伟的计划。他们非常尊重他们的学生和所在的社区，也对此抱以很大期望。他们以一贯的互助精神，健康、友好的竞争精神，彼此相互扶持、相互支撑、共同进步。

## 6. 结论

我们已经见证了一些公司的领导者如何相信“领导阶层应该每年以10%或更高的比例调整管理手段，以此制造一种焦虑情绪，激发每个人在职场中相互竞争”。不过我们也证实了高效团队的工作机制更为有效，人们因为契约关系和彼此的信任聚集在一起，那些积极上进的团队成员会受到上级的鼓励，彼此相互扶持，会比他们的上级更加努力，做得更好。在克莱夫·吉尔松（Clive Gilson）和他的同事

---

❶ 针对学校改革进程中实施的那些简单而无效的奖惩机制的批评意见，请参见J.Mehta, The Allure of Order: High Hopes, Dashed Expectations and the Troubled Quest to Remake American Schooling, New York: Oxford University Press,2013;

A.Hargreaves and M.Fullan, Professional Capital: Transforming Teaching in Every School, New York: Teachers College Press,2012;

D.Ravitch, Reign of Error: The Hoax of the Privatization Movement and the Danger to America's Public Schools, New York: Knopf,2013.

❷ 兰德公司对这份绩效工资计划进行了评估，但评估报告出来之后，计划又搁浅了。请参见 J.A.Marsh, M.G.Springer, D.F.McCaffrey, K.Yuan, S.Epstein, J.Koppich, N.Kalra, C.DiMartino, and A.(Xiao) Peng, A Big Apple for Educators: New York City's Experiment With School-Wide Performance Bonuses, Santa Monica: RAND Corporation,2011.

们开展的一项有关顶级体育组织的重要研究中，他们把运动员取得的多数成绩都归功于场内场外强大的团队力量和极佳的团队运作模式。[1]吉尔松和他的同事们基于研究得出结论，即："在我们的相处中，我们有一种安全感……有一种心境合一的感觉……这能让人们保持清醒的头脑，这对于集聚目标和获得卓越绩效而言是至关重要的。"[2]

斯科特巴德把一直以来人们遵从的合作原则与盈利动机相结合，这种动机如此的强大，与公司生产的世界级树脂产品一样闻名于世。在基尔肯尼郡曲棍球比赛中，文化的传播依赖志愿者，并渗透到精心培育的团队精神之中。陶尔哈姆莱茨区的教育工作者通过共享成功的硕果和相互扶持来实践提升性领导力，同时施以同行压力，提升标准。

毋庸置疑，推动力和牵引力相结合，把牵引力视作推动力是大有益处的。基尔肯尼郡一直在运动竞技比赛中表现极佳，这对社区而言也是一种激励。陶尔哈姆莱茨区拒绝把贫穷当作教育成果不足的一种借口，在这里全英国最差的学校变成了赶超全国学业成绩平均水平的好学校。斯科特巴德公司从破产边缘复苏后，沿用"合作、集体所有制、社会贡献"等诚信原则，让其生产的奢侈品颇有奥林匹克风范。不过实现成功并非依赖直觉或第六感，而是需要获得可靠、有价值的数据资料，对此，我们将在下一章予以深入探讨。

---

[1] C.Gilson,K.Roberts, E.Weymes, and M.Pratt, Peak Performance: Business Lessons from the World's Top Sports Organizations, London: Harper Collins Business,2011.

[2] 同上，388页。

# 第五章

# 有效评估

亚历克斯·古恩
（Alex Gurn）

就我个人而言，衡量一个人成功与否，要看他对周围的人做了些什么。

——玛格利特·米德（Margaret Mead）

## 1. 数据世界

21世纪，一件无法回避的事实就是到处充斥着数据。无论是暴露购物偏好的条形码、智能手机里计算卡路里的App，还是可以帮忙追踪恐怖分子的面部识别软件……数据设备无处不在，且越来越多地影响着我们的选择和决定。辨别哪些是提升性组织和他们的领导者，不是看他们对数据的依赖程度有多高，而是看他们如何界定和利用那些对他们而言极为重要的数据。

提升性组织会谨慎而系统地标记进度、监督和管理进程，以求获得成功。他们不仅知道自己要去哪里，也知道如何到达那里。他们也会回顾过去，了解自己已取得的所有成绩，总结自己在这些方面的表现情况，并决定是否要继续进行下去。他们运用一系列进度指标和绩效目标——这是领导者及其追随者尝试推行的公平举措，本身具有实际意义、得到广泛认可。提升性领导力并不仅仅依靠灵感和想象力。他们也清楚地知道，基于下述方式，灵活地运用绩效数据，对于每个人的成长和进步有多么的重要，如：

（1）对于使用者来说，（数据）要具有实际意义和实际效用；

（2）与组织的核心目标和过程建立关联；

（3）强调均衡性，不偏向任何一方；

（4）应用的适时性和可行性；

（5）结合专业性判断，而不是无视它；

（6）（让数据）在重要的人际关系中发挥作用，而不是束之高阁。

在提升性组织中，人们不会盲目依照数据行事，或因短期业绩目标的限制而陷入恐慌。他们会选用具有实际意义的指标，彼此目标一致，运用数据的目的是让员工做出正确的判断，而不是削弱员工的判断力。

数据的运用有很多好处，但也有诸多阴暗面，或者说愚蠢的一面。这两个方面在本书所探讨的三个领域中都表现得极为明显。我们就先来说说数据的阴暗面。

## 2. 黑暗数据

感谢迈克尔 · 路易斯（Michael Lewis）撰写了畅销书《点球成金》——这本书被改编成电影，由布拉德 · 皮特（Brad Pitt）担任主演——影片展现了绩效指标在提高专业运动团队的比赛成绩中所发挥的作用，目前来看这一点众人皆知，且颇受人们重视。《点球成金》系统而详细地讲述了为达到世界职业棒球比赛水准，如何利用球员的成绩统计信息来提升奥克兰棒球队（也称作运动家球队）的整体成绩的故事。[1]

2002年，新上任的奥克兰运动家球队的总经理比利·比恩（Billy Beane），是一名哈佛大学经济学专业的研究生，他将球员成绩的统计数据视作挑选球员的依据——一个他称之为“绩效监测”的系统。以往这种选择过程依赖于教练的经验和直觉，但比恩却更热衷于用统计数据来预测一个团队在一个赛季中的表现情况：即上垒率或一个击球手能够上垒而不出局的次数比例。这种做法有些奇怪，不那么让人信服，但是比恩确信一个球手怎样上垒并不重要，只要上垒就够了——即便这让比赛没什么看头，也无所谓。

奥克兰棒球队采用计算得失的方式赢得比赛，成绩显著。很多球员都能进入一垒的位置——当然，这让他们离本垒和得分进球更近了一步。每年进入季后赛后，奥克兰棒球队都要迎战那些高出自己三倍薪酬的团队。在奥克兰运动家球队里，多年积累的统计数据向个别教练的经验、直觉和习惯发起了挑衅。数据比经验更重要。统计学战胜了主观判断。现如今，奥克兰棒球队率先在美国采用的赛绩统计方法已成为职业棒球及其他运动竞技比赛的惯用方法。这种方法的应用也拓展到了其他领域。

比尔·盖茨（Bill Gates）崇尚计量统计学，他喜欢拿棒球统计数据做比较——事实上他自己也运用计量统计学。他曾在2013年初的《华尔街日报》上写道：在过去的一年里，他深深地被计量科学所震撼，这或许有助于改善人类的生活条件。他给出了一个实例：即埃

---

[1] M.Lewis, Moneyball: The Art of Winning an Unfair Game, New York:Norton,2004.

塞俄比亚正在努力实现2000年制定的联合国10个千禧年发展目标之一——2015年降低2/3的婴儿死亡率。[1]

数据显示，印度的喀拉拉邦通过建立一个涵盖所有卫生保健站的社区网络，成功地降低了婴儿死亡率。受到喀拉拉邦的启发，埃塞俄比亚在全国范围内建立了15000个卫生保健站。目前，这个中心能够掌握孩子们的出生和死亡数据，并能密切监控那些提供了或是没有被提供疫苗和蚊帐的地区。当然，监测和跟踪数据并不是埃塞俄比亚唯一采用的策略，不过盖茨相信自1990年以来，埃塞俄比亚降低了60%的婴儿死亡率，在这方面它发挥了极为重要的作用，并将继续帮助这个国家在2015年实现"降低2/3的婴儿死亡率"这一重要的千禧年目标。

这是经比尔·盖茨仔细研究过的，极为有效的方法——肯定比偶尔搞慈善捐款更有效果。搞慈善只不过是提供了一些资助，并最终得到一份报告，或者说这种慈善捐款的收益数年内难以衡量。不过，尽管数据驱动在体育竞技、慈善事业和商业中的应用价值让比尔·盖茨和许多人大受鼓舞，但其结果并不总是那么美好和令人满意。

克里斯·德罗斯（Chris DeRose）和诺尔·迪奇（Noel Tichy）在著作《一线员工的判断力：睿智的公司如何通过取信员工来赢得胜利》（Judgment on the Front Line: How Smart Companies Win by Trusting Their People）中，描述了他们与连锁超市之间的咨询关系。[2]当他们尝试帮助连锁超市提高自身盈利能力时，他们发现这家公司已经开始根据每小时收银员接待顾客的数

---

[1] B.Gates, My Plan to Fix the World's Biggest Problems, The Wall Street Journal, online. wsj.com/news/articles/SB10001424127887323539804578261780648285770.2013年1月25日。

[2] C.DeRose and N.M.Tichy, Judgment on the Front Line: How Smart Companies Win by Trusting Their People, New York: Portfolio/Penguin,2012.

量来量化扫描数据，以此设定目标。在这种无法逃避的新型压力下，员工开始尽可能避免任何耗费时间的交流活动，这可能会阻碍某些目标的达成，例如帮助年纪大的顾客，或者与顾客进行眼神接触。目标导向的监控行为可能会对客户关系造成负面影响——而这些正是超市赖以生存的根本所在。德罗斯和迪奇认为，这只是一个有关企业过度运用标准化绩效指标的个案，这种做法只会破坏一线工人的判断力。

当组织处于自上而下的控制和糟糕的人际关系中时，数据就会演变成一种致命的干扰，其结果通常是危险的或愚蠢的。为了了解它的运作机制，让我们重新回到体育竞技领域——不是回到《点球成金》的媒体魔法时代，而是回到最早运用数据提高球员成绩的地方。它将我们带回到铁幕时代，回到冷战时期。

在体育竞技比赛中首次系统地运用绩效数据的人是瓦列里·洛巴诺夫斯基（Valeri Lobanovsky）。他在20世纪70年代中期到90年代初期担任苏联基辅迪纳摩足球队的教练。40年前，洛巴诺夫斯基决定在球队管理中应用科学的马克思主义原理。他站在足球场上，手里拿着笔记本和铅笔，时刻关注着球员的各种动作，并将这些动作与团队比赛结果的关联性记录下来。当时洛巴诺夫斯基购买了一台大型计算机——这引起了苏联国家安全委员会（KGB）的怀疑——他的用意旨在结合科学和技术，打造完美的足球队。

在《足球如何改变世界》(How Soccer Changed the World）一书中，作者富兰克林·弗尔（Franklin Foer）描述了洛巴诺夫斯基如何用数值记录比赛中每一个成功和不成功的动作。[1]他把数据输

[1] F.Foer, How Soccer Explains the World, New York:HarperCollins,2004. 后续论点分别引自159-160页。

入电脑，计算出“集中度、活跃度和差错率”等指标数值。洛巴诺夫斯基尝试着想要建立一个几乎可以与球员自动契合的完美系统，为此他甚至还组织了数场球员必须蒙着眼睛参与的五人制比赛。据弗尔所说，洛巴诺夫斯基创建的系统——

> 鼓励形成一种独特的球风：追求现实但却保持狂热。球员们会拼尽全力，累计分值。比赛中，球员们更积极地采取防守措施，而并非进攻，这是因为防守可以为他们赢得很多分数。洛巴诺夫斯基的系统延续了苏维埃政权的执政思路，两者相同的是，它扼杀了个人的主动性。洛巴诺夫斯基的分值评估法并没有对创造力和冒险精神予以衡量。垂直传球与水平传球的得分相同，华丽的假动作并无实际意义。

洛巴诺夫斯基设计了描绘数字化目标的图表，他的球员必须基于整个球队的比赛战略，按规定完成断球、射门或头球射门等动作。[1] 洛巴诺夫斯基曾说过：“生活中的一切都可以用数字表示。”[2]

尽管这个数据驱动系统为苏联联盟带来了持续性的高回报，但也让球员们丧失了灵活性。在以后的几年里，每当有来自非洲和其他地区的海外球员来乌克兰踢球时，他们就会发现自己所在球队的球风和创造力并不符合系统的要求。在很大程度上，他们的拼搏奋斗源于这样一个事实，即离开了球队，他们一无是处。

现如今，几乎所有的专业运动队都在运用数据，觉得这是理所当然的事。顶尖的足球俱乐部在球场周围架起了摄像机，随时传送录像

---

❶ 洛巴诺夫斯基在团队面临压力或遭受排挤情况下所设定的具体目标，请参见J.Wilson, Inverting the Pyramid: the History of Soccer Tactics, New York: Nation Books,2013。

❷ M.Aslett, Valeryi Lobanovskyi: Soccer Manager⋯..Big Data Visionary, December, 2011, blogs.the451group.com/information_management/2011/12/16/valeriy-lobanovskyi/。资料来源不同，瓦列里·洛巴诺夫斯基（Valeryi Lobanovskyi）的拼写方式也有所不同。

视频。这样一来，各种指标就会被编译成个人和团队的成绩要素，随后就会有内部绩效分析师对此进行分析。现如今人类拥有了更广泛的数据，但团队究竟应如何运用这些数据？对于人们来说，究竟计算机处理过的数字意味着什么？

伯恩利足球俱乐部的一位前任绩效分析师（向我们）讲述了：在一次世界杯足球比赛中，球队如何把芯片放在球员的靴子里，以此搜集有关每场比赛中球员行动次数的数据，并把这些数据与视频证据结合起来。紧接着，一些教练就会向球员施压，让他们在接下来的比赛中付出更多的努力，甚至（为他们）设定“阶段性目标”。伯恩利足球俱乐部的分析师描述了“当球踢出界外（超出摄像机的摄像范围）时，球员应如何根据他们的统计数据，采取下一步行动。”随后球员就会告诉他们的教练：“是的，我已经完成了本周的工作。”当我们以这种方式利用数据时——头脑会处于麻木状态，置于他人的威胁之下——这种做法有违常理，但容易出成果。人们最终可能会采取诸多特别的、完全不必要的措施来实现既定目标。

在商界，大多数的读者也会看到同样的情形。这被称之为“博弈系统”——并非是借助系统实现目标，而是一个在系统有漏洞的情况下，鼓励人们采用一些特别的小动作，破坏系统和规避系统监控的过程。公司坚称：他们的雇员进出都需要签名，只是为了找出是否有别人为他们代签的情况发生。他们会对最后一个开车驶出停车场的雇员予以嘉许和奖励。不过随后人们就会经常性地把车子通宵留在停车场。像安然公司这样付出巨大代价“伪造账目”，其结果只会带来夸大其词的绩效表现和捏造出来的收益值。2007 年国际金融危机期间，大企业会借助统计方法提高短期收益或制造这种表象，以此明目张胆地实施欺诈行为。[1]

这些特别的举措并不会让你更靠近核心目标——这一点也同样体现在公共服务领域。当英国政府强行灌输集约思想，并尝试着以此提高公共服务效率时，公职人员就会采取另类的方式来“实现”这些目标。新闻报道里到处充斥着各种怪异的事情。警察会花费大量时间来处理那些更容易破的案子，或将一些很难破的案子从轻处置，以此减少犯罪率。[2]为了减少患者在急诊室等待的时间，医院的工作人员会让救护车载着伤病人员绕着街区来回转，直到急诊室可以在目标时间内救治这些患者。[3]如果让维修铁路的合同工在既定时间内对损坏的铁轨进行抢修，那就会陷乘客于危险之中，因为他们会选择对那些在规定时间内无法修理好的镇流器和辅助性铁轨视而不见。[4]

因受到短期内持续提高考试分数的目标驱动，公共教育体系中很多结果导向的行为也同样存在问题。2009年，格鲁吉亚亚特兰大的35位教育工作者被指控犯有欺骗罪。最初的一份调查报告显示：整个区域内“学生的考试分数都在提升，这在统计学上几乎不大可能实现”。调查进一步揭示出44所学校里的178位教育工作者作弊成风。[5]这位前任行政区的负责人，之前曾因为提高了该区学生的学业成绩而获得了国家奖，如今却被指控犯了盗窃罪，原因是学业成绩的

---

[1] 特雷德韦委员会的发起组织委员会（COSO）的报告（1998-2007），引自www.coso.org/FraudReport.htm.

[2] BBC新闻，“Targets Destroy Trust in Police”, news.bbc.co.uk/1/hi/uk/7145860.stm,2007年12月15日。

[3] J.Seddon, Systems Thinking in the Public Sector: The Failure of the Reform Regime…and a Manifesto for a Better Way, Axminster, UK: Triarchy Press,2008.

[4] C.Wolmar, Broken Rails: How Privatisation Wrecked Britain's Railways, London: Aurum,2001.

[5] CNN,Former Atlanta Schools Superintendent Reports to Jail in Cheating Scandal, edition.cnn.com/2013/04/02/justice/georgia-cheating-scandal/,2013年4月3日。

提升与其工资中的奖金是挂钩的。

评论家极为担心的是：所有遭到投诉的教育工作者都是如此。他们认为，亚特兰大的作弊丑闻也只是冰山一角。乔治·布什总统在1996年提出了“不让一个孩子掉队（NO Child Left Behind Legislation）”法案，需要学校达到“适当年度进步（Adequate Yearly Progress, AYP）”的要求，不只是达到平均水平，还要惠及各类学生，包括那些需要特殊教育的或英语不是母语的孩子。[1]到2014年，所有的美国院校都必须让各类学生精通英语和数学。如果他们无法实现目标，政府就会采取一系列带有惩罚性的干预措施，惩罚会逐渐加重，最终有可能会解雇校长、关闭学校或以一所特许学校取而代之。

这一改革策略——以是否提升了学生考试成绩这一目标来评估学校，随后对那些未达标准的学校予以惩罚——这是一种极端的做法，英国和其他的国家都曾经这么做过。[2]能否保住这些学校和教师们的饭碗，就在于能否在一到两次的比赛中不断地提高学生的考试分数。因为学生的考试成绩关乎生存问题，所以他们会采取一系列玩世不恭、丧失职业道德，乃至营私舞弊的做法来达成目标，避免遭到惩罚，受到制裁——其中包括：

（1）花费更多的时间准备考试，而不是培养学生；

（2）拒绝接纳那些无法通过考试的学生，或“鼓励”他们转到

---

❶ 有关“适当年度进步”要求的全部细节请参见www.ncpie.org/nclbaction/ayp.html.

❷ 1993年英国政府设立了教育标准局。这是一个独立的政府机构，负责审查英国所有的学校。审查报告中，所有的学校都会按照四个等级进行划分。如果一所学校被评为最低一个等级——“最差等级”，那么在这所学校有所改善之前，它会受到教育标准局的密切监督，其中包括每十周的深度巡检。如果这所学校没有迅速改善现状，那么通常校长会遭到解雇，同时（或）学校会面临关闭或重组。

其他学校去；

（3）压缩课程，只讲授考试内容，不学习诸如艺术、体育和创造力等方面的知识；

（4）降低全国测试的标准，让学生很容易通过考试；

（5）过分关注那些成绩低于通过门槛的学生——他们只要在即将到来的考试中付出更多的努力，就能快速见到成效。

（6）实施明目张胆的舞弊行为，包括考试结束后，修改学生的考卷；或把答案公布在教室的墙上。

当然，考核学生是必要的，否则教师如何知道他们的学生到底学会了什么，从而制订接下来的授课计划？但是以牺牲教学时间为代价，不断测试学生，只为了向教师施加压力，这种做法对于学生和教师而言都是不公平的。除了在亚特兰大和其他地方发生的那些彻头彻尾的舞弊案件以外，在教育领域还存在一种带有惩罚性质的问责制，即基于单一的标准粗略地评估学校的绩效，从而给学校划分等级和排名。考试成绩简化到只剩一个数字，它没有证明，也不可能证明学生掌握知识的程度。这就好像是说：通常而言，当你一只脚伸进一桶热水里，另一只脚伸进一桶冰水里，你应该感到很舒服。更重要的是，每学年结束的时候才会安排这种极为简单的测试，此时教师们想要把考试结果中反映出来的问题融入课堂教学已经不可能了。考试不会为教师们提供任何数据，所以无法帮助他们提升学生当前的成绩。一旦实施的问责制只关注一两个方面的成就，并用生硬的手段对此进行评估时，整个系统就会因为追求这些目标而发生扭曲，甚至是以牺牲核心目标为代价。

这种反常的过程被称之为坎贝尔定律（Campbell's Law），以达特茅斯学院教授唐纳德 • T • 坎贝尔（Donald T. Campbell）名字命名。他强调说：

做社会决策时，用到的社会量化指标越多，越有可能导致腐败。把人们想要监督的社会过程，说成是扭曲的腐败过程会更贴切一些。[1]

与那些因考试舞弊而入狱、陷入破产困境，或是采取了许多既耗时，又毫无意义的措施等情况相比，实施绩效指标所带来的后果要更严重些，甚至关乎生死存亡。

决定“泰坦尼克”号命运的不只是那座无法避开的冰山，还有即便在恶劣的天气，即便当时的情境已经明显威胁到了乘客的人身安全，船长也没有放弃的横渡大西洋的时间节点。在登山界，越接近山顶，攀登的动力越大。即便暴风雨即将来临或物资已经耗尽，人们需要冒极大的生命危险才能登顶成功（也在所不惜），人们称之为“登顶热潮”。

有时，当组织和团队越来越接近目标，开始无视他们的核心目的和焦点问题——最终导致破坏性的结果时，他们也一定深受“登顶热潮”的困扰。[2]

在富有争议的文章《疯狂的目标》（Goals Gone Wild）中，来自哈佛商学院的作者们描述了这样一个事实：20世纪60年代，福特汽车公司为了与国外的竞争企业相竞争，决定加快速度，生产一款新

---

[1] D.T.Campbell, Assessing the Impact of Planned Social Change, Kalamazoo: Evaluation Center, College of Education, Western Michigan University,1976.

[2] 1996年经历的一次珠穆朗玛峰探险活动，生动地记载于J.Krakauer, Into Thin Air: A Personal Account of the Mt. Everest Disaster, New York :Anchor Books,1999. 与此同时，克拉考尔（Krakauer）的个人观点引起了其他同期在珠穆朗玛峰探险，平安归来的登山者的争议。对于那些登山者而言，尝试冒险一直都是攀登运动富有吸引力的原因之一，因此社会上，人们对于“登峰热潮”这一观点的看法并不一致。

型小汽车。[1]不切合实际的生产目标导致员工无视安全检查环节——包括针对福特Pinto车油箱的质检。由于设计有误，这款汽车的油箱发生爆炸，最终造成了53人死亡和多人受伤。作者总结道："要想实现某些特定的、富有挑战性的目标（例如加速市场化进程、提升燃料功率和降低成本），就要以牺牲安全、伦理道德和公司名誉为代价。这些虽不是具体的指标，但（对于公司而言）却是极为重要的。"他们由此断定，当目标和指标如此设定时，目标就会变得极度疯狂，此外：

（1）目标太窄，人们就会忽视绩效的其他重要方面；

（2）周期太短，人们就会过分重视季度回报率等指标，而忽视绩效的长期目标；

（3）目标太不切合实际，人们就会冒着巨大的风险，做出不道德的事情。

过分强调如季度收益率、客户接待率（customer processing）等单一的短期目标和指标，可能会让员工们在情况变得更糟时丧失及时处理的机会——从而做出糟糕的决定。例如，在季度财务报告不尽如人意的情况下，股东可能会感到惶恐不安，担心这是业绩直线下滑的征兆。不过一个季度的业绩下滑可能只是统计数据表现出的一种特殊情况；可能是这个行业领域正处于特殊时期；可能反映的是行业的大趋势，或是由于工作方式的转变引发的暂时性混乱状态。把短期波

---

[1] 沃顿商学院的营销学教授马利斯·施维泽（Maurice Schweitzer）参与撰写了一篇论文，题为《疯狂的目标》（Goals Gone Wild），其中谈道，经理人制订的过高目标往往是公司丑闻的导火索，因为员工们为了实现高不可攀的目标而被迫做假，安然和西尔斯公司就是如此。

L.D.Ordóñez, M.E.Schweitzer, A.D.Galinsky, and M.H.Bazerman, Goals Gone Wild: The Systematic Side Effects of Overprescribing, Goal Setting, The Academy of Management Perspectives,2009, 1 (23):6-16.

动误解为长期下滑，可能会引发尤西·谢菲（Yossi Sheffi）[1]提及的所谓“牛鞭效应”：即领导者对绩效下滑或需求不足反应过激，做出解雇领导者、更换供应商、升级目标、贱卖资产、暂停操作等不必要的行为。[2]

因此，清楚知道数据的“阴暗面”是极为重要的。即便是管理者和慈善家都抱有极大信心的“大数据”，也很容易以错误的形式或因落入不法之徒之手，而演变成“错误的大数据”。当数据过于死板或有限时，当数据获得的太晚，失去利用价值时；当数据用以巩固少数人的权力和加强对他人的控制时，这种情况就会发生。换句话说，当人们不再相信这些数字或不再相信那些运用数据的人时，这种情况就会发生。

## 3. 数据挖掘

与挖掘所有能够搜集到的数据相比，我们更应该谨慎、小心地处理数据，这样它们就可以帮助我们，而不会对我们造成危害。例如，运作极为成功的大公司所运用的绩效数据并不仅仅依赖于对季度收益情况予以评估。目前，越来越多的企业运用平衡计分卡，在保有底线的基础上强调多种形式业绩的产出。[3]他们不仅用指标来评估绩效，也用它来引发企业人员共同的思考和培养责任心，以此最大程度地提

❶ 译者注：麻省理工学院交通与物流中心主任，供应链管理专家。

❷ Y.Sheffi, The Resilient Enterprise: Overcoming Vulnerability for Competitive Advantage, Cambridge, MA:MIT Press,2005.

❸ 有关平衡计分卡的重要性，请参见R.S.Kaplan and D.P.Norton, Using the balanced scorecard as a strategic management system. Harvard Business Review, 1996, 1(74):75-85.

也可参见J.Elkington, Cannibals with Forks: The Triple Bottom Line of 21st Century Business, London: Capstone,1997.

升绩效。

这种衡量方式的使用尤其对网络零售业具有极为重要的引导意义，因为网络上人与人之间的交往多数都不是面对面的，而是虚拟的。在这里，并不存在真正传统意义上的产品库存。

20世纪90年代，正值互联网兴旺时期，新英格兰“年度企业家”斯科特·萨维茨（Scott Savitz）和其银行业的同事克雷格·斯塔博（Craig Starble）聊起了想在网上销售鞋类产品的想法。[1]迈克·索拉贝拉（Mike Sorabella）也是他们银行业的同事，后来就职于Shoebuy，他记得当时互联网发展正处于鼎盛时期，克雷格曾在一次银行的早会上发表讲话，说了这样一句话“我们必须开展网络业务”。据索拉贝拉所说，事实上克雷格是要告诉屋里的所有人——我们应该在网上销售鞋子，当时我们都笑着问“但是我们应该怎么办呢？”萨维茨最开始对这个想法嗤之以鼻。“像其他很多人一样，我不赞成在网上买鞋子。”他回忆说，“不过当我越是了解到可以通过创建一种虚拟模式，与厂商直接合作，让网络销售更具可行性时，我就越是想做这件事。”

2009年，在我们研究期间，销售服装和配饰的Shoebuy.com已成为访问量最大的十家购物网站之一——也是网络购物领域中十家“最能黏住顾客”的网站之一，在线顾客平均访问时间超过15分钟。当顾客登录网站后，他们更倾向于留在页面或反复登录网站。2000年重复购买的收益占营业收入的1/5，到2004年占到1/3，2009年增至近乎2/3。2011年，Shoebuy享有稳定的客户利润，在21世纪

[1] 除特别注明之外，本书给出的有关Shoebuy.com的数据、引证和资料及后续阐述均源自“远超预期的企业绩效”研究期间搜集到的一手资料。

的第一个10年里，这家公司连续8年实现营业收入两位数增长。

Shoebuy的员工流失率也非常低。例如，2009年公司管理团队中大约有80%的雇员，依然坚守在10年前初来公司时应聘的岗位。Shoebuy在提拔基层员工担任领导职位方面经验丰富，业绩卓著。即便是在2009年爆发全球金融危机期间——当Shoebuy的主要竞争对手美捷步（Zappos）被迫裁员高达8%时，Shoebuy却依旧在招聘新员工。当Shoebuy日益发展壮大时，它的竞争对手们却还挣扎在生死边缘。从2006年萨维茨卖掉公司，到2011年他离开这家公司这段时间，Shoebuy的营业收入持续显著增长，与销售收入相比，公司净利润的增长速度更快。在互联网泡沫破灭时，其他竞争对手都不得不削减业务或是完全倒闭了，这家公司究竟是如何生存下来的?

很大一部分原因归功于Shoebuy的评价指标和组织设计。公司设计并构建了一个复杂的技术基础平台和网络架构，用以支持一种新颖而灵活的客户导向型设计理念，在实现优质服务的同时，降低库存和其他管理费用。Shoebuy主要采取一种可称之为“直运”的模式，制造商直接处理客户的订单，并从制造商的仓库直接发货给客户。如果你要退回鞋子，可以把它们寄到Shoebuy的仓库，由他们来处理产品的退货业务和安排国际运输。事实上，作为一个门户网站，Shoebuy公司提供了丰富的产品目录，其中涵盖多达1250家制造商提供的各类鞋类、箱包、配饰、服装，并为这些制造商与潜在的在线顾客牵线搭桥。在这种运营模式下，Shoebuy不再需要储备大量的库存。在时尚鞋类市场，消费者的品位和喜好瞬息万变，想要即时了解并不容易，但事实上，Shoebuy却有效地利用了这一点。正如首席营销官吉姆·凯勒（Jim Keller）所解释的那样：

> 我们必须确认，我们开展业务的方式合情合理，这一点至关重要——我们所做的每一件事情都具有可拓展性。我们只不过是基于我们的业务规模，发布了一个新程序，或在网站上推出了一个新功能。如果这是一种合约关系，那么就需要某些人动手处理每一笔订单，但这并非是要扩大规模。如果你需要与每一位顾客都建立密切联系，那么你就无法卖出成千上万双鞋子。此时你需要采取自动操作模式。

实现可拓展性，其中一个要求就是在全面运营之前，有足够的时间和耐心来想出新想法，并加以检验。借助shoebuy的网络基础设施和数据驱动流程，就可以做到这一点。斯科特·萨维茨向我们描述了：他是如何潜心研究商品的评估标准的。的确，在他最终离开Shoebuy之后，他开拓了新的业务——数据点投资（Data Point Capital）公司，重点关注那些本身有着良好的基础，可以借助网络的影响力和规模发展起来的企业。萨维茨喜欢数字，知道如何运用数字去了解和改善商业实践过程。在Shoebuy，他们对用户和网站之间的复杂性交互行为展开分析，并对顾客的参与施以即时响应。登录Shoebuy.com的每个人都在各自体验网络的效用。每个月数以百万计的网站独立访问用户，将被转化成大量有用的和可用的数据。

Shoebuy会采用一系列标准去分析产品库存，例如点击次数、利润率、收益率、重复销售、顾客调查、网站的反馈意见等。Shoebuy的系统也分析其他信息，例如顾客如何链接到该网站，何时跳转到其他网站？有一种调查方式可称之为A/B检测法，即一批顾客检验某一个网站的配置，同时另一批顾客检验另一种略有不同的配置。例如，Shoebuy会检测像“加入购物车”或“点击这里查看”这些提示是否会提高点击率。萨维茨解释说，为了提升销售额，提高重复购买率和生命周期的价值，可以尝试做一些像“设计不同标题的电子邮件广告和更改导航栏”这样的事情。

即时数据可用于改进设计——就如同在袋子或钱包里放入最新版的导图一样。这些改进是连续性的、灵活的，但都具有可持续性。基于这种模式，Shoebuy能够逐渐提升网站的视觉效果，且不会因为设计思路的巨大变化，而惊扰到忠诚的粉丝。因此，顾客在网站上停留的时间越来越长——这让Shoebuy享有很高的“黏合性”。

借助三角数据集，Shoebuy不断地寻找了解客户的最佳方法，但公司并不仅仅依赖于统计数据。Shoebuy在所有网页的显著位置标明公司的电话号码，鼓励顾客通过脸谱和推特网反馈信息。Shoebuy从未将客户服务功能外包给其他任何一家公司。当Shoebuy收到一位客户的咨询邮件时，这位客户将会得到人工答复（不是电脑生成的回复）。他们尽可能快速地接听顾客的电话，减少顾客的等待时间——当出现问题时，公司的高级管理人员会毫不犹豫地亲自打电话给顾客。技术数据维系着客户关系，而不是取代客户关系。确凿的数据不会取代“软技术和流程”，相反，它们互为补充，相辅相成。

在公司内部，绩效数据的合理运用可以引导人们做出决策和采取行动，激发员工的归属感。萨维茨解释说：“我们尝试着让每个人都清楚地知道在业务范围内，自己的奋斗目标是什么。”尽管Shoebuy的领导者都十分清楚员工的期望和成功的标准是什么，但他们还是为员工提供各种工具，让员工自由使用这些工具，这样他们就可以在问题发生的第一时间，运用自由裁量权，做出自己的判断。

基于这种事实依据方法，Shoebuy的员工通常就可以鉴别出何时会发生运行不正常或需要调整的情况。据萨维茨所说，他们会毫不犹豫地"来找我们，说我有麻烦了。"他相信"许多公司不想向个人授权，这是一种错误的认识。"Shoebuy鼓励员工冒险。公司创始人知道实时监控可以实现快速干预，以此纠正错误和避免灾难。这种做法极大地增强了创新能力，促进了持续改进，提升了员工的满意度，这是Shoebuy 成功留住员工的主要原因之一。据现任首席执行官迈克·索拉贝拉所说："公司的文化强调每个人都应该热情真诚、努力工作，喜欢成为我们这家小公司的一员，能够感受到他们所发挥的重要作用。"

斯科特·萨维茨和他的合作伙伴最初是在一家改建过的殡仪馆里，租了一间60平方米的临时办公室创立了Shoebuy，当时遭到很多人的质疑，甚至是嘲笑。不过，在他们大胆但却极具可持续性的商业模式中——数据扮演着核心的角色，发挥着关键的作用——打破了鞋类市场与互联网经营的界限。现如今，它们拥有波士顿市中心最好的办公室场地。

在高绩效企业中——尤其是那些基于知识和信息展开运作的企业中——绩效的衡量和其他数据指标都富有实际意义，具有广泛性、稳定性和公平性。因为可以很容易地获得即时数据，所以在鼓励创新和冒险的同时，也能阻止大范围的出错。即时信息和干预行为有助于按部就班地开展创新活动。目标伟大但却可以实现。我们可以评估长期绩效，也可以评估短期绩效。雇员们经常一起参与目标的设定工作。道德和诚信，以及顾客的体验质量都是优先考虑的问题。这一切都有助于人们聚焦核心使命和目标，而不是分散人们的注意力。数据并不只是把人们推向更高、更难攀爬的顶峰；相反，数据激励他们，向他们描绘了一个愿景，在那里，大家彼此真诚分享、拥有相同的价值观念。他们对度量指标极为敏感，这些指标可以帮助他们做出有效的判断。

## 4. 监测次数

在商业和体育竞技领域，人们普遍热衷于（或乐于）用数据说话。但在公共教育领域，分数、考试、排名却让不同派系产生了巨大分歧。政治家和商业游说集团倾向于相信学生的考试分数是教学效果考核的关键数据；而教育专家却认为，太多的测试只会扭曲教学的本质，并最终伤害到孩子们。在之前我们所描述的一系列公开曝光过的欺骗和“博弈”案例中，很多证据都可以用来抨击这些评论家的观点。

那么，我们究竟如何运用测量方法和指标，规避不正当刺激法则对公共教育模式的负面影响？在法国，我们发现了一种可能的解释，正如我们之前所看到的那样，法国一贯采用国际上顶尖的比萨测试（PISA Tests）来检测学生的学业成绩。[1]因此，问题的答案就是：根本不需要用到测试成绩的数据，只要了解学生，认真教导学生就足够了。[2]

---

❶ 参见www.oecd.org/pisa/.

❷ 在几篇描述芬兰教育成就的文章中都体现了这一观点，并借此展开了后续研究。芬兰教育专家帕西·萨尔博格（Pasi Sahlberg）对此做了最为翔实的记录，目前他是哈佛大学教育学院的教授，著有教育方面的畅销书，提出了最佳创意，荣获了2012年格文美尔古典作曲奖（Grawemeyer Award），奖金10万美元。请参见P.Sahlberg, Finnish Lessons: What Can the World Learn from Educational Change in Finland? New York: Teachers College Press,2012.

在教育方面，芬兰人最看重的是高素质的专业教师可以通过与学生建立良好的师生关系来深入了解学生。他们之所以可以这么做，就是因为他们在认知科学方面一直在接受严格的训练，知道年轻人的大脑是如何运作的。芬兰的小学教师通常会在数年间为同一个班级的学生上课。与其他国家的教师相比，芬兰的教师会在工作中花费更多的时间为学生制订计划，与同事们开会讨论学生的需求问题。芬兰不会为了监测系统的有效性而私自让学生们参加成绩测试。不过，这里的教育学家也明白，从统计学上来看，为了检验这个系统的有效性，完全没有必要让每一个学生都参与测试。正如芬兰最伟大的教育大使帕西·萨尔博格（Pasi Sahlberg）所表述的那样，你不需要抽干血液来检测身体，你只需采集一个样本就够了。❶

芬兰的经验告诉我们，考试并非完全不必要，老师要做的，就是要对孩子的情况了如指掌，与孩子建立良好的师生关系。其他一些国家也决定不采用标准化考试——但却鲜有优秀的教师，所以成果并不显著。因此，经验告诉我们，统计学和其他类型的数据可以（为我们）提供更多的信息、关注到某一个确切的关键问题，或是对效果和成绩予以反馈，进而增强师生之间的联系。要想做到这一点，教师就需要掌握更广泛的数据——课堂测试结合特殊的观察技巧、课堂观摩和学生的作业样本，就可以诊断出一些问题，这可以让老师及时地找出某些学生或学生群体落在后面的原因。学校里，优秀的领导者会搜集和评估各类数据，以便于教师们更多地了解学生，及时地采取干预措施，为学生提供帮助。❷

---

❶ 源自萨尔博格和哈格里夫斯之间的私人通信。

❷ 有关这一问题的畅销书和最新证据，请参见 A.Datnow and V.Park, Data-Driven Leadership, San Francisco:Wiley,2014.

我们对加拿大安大略省近乎1/7的学区，即10个学区展开了研究，印证了这种方法的实际应用效果。[1]同新加坡和芬兰一样，安大略省的学生们在考评学业成就的国际比萨测试（PISA Tests）中获得了极高的分数，是分数最高的四个省份之一。该省实施了有针对性的改革措施，旨在提高学生成绩，缩小家境不同的3～6年级学生在阅读和数学方面的成绩差距。尤其在读写方面，安大略省一直采用最大强度的实施策略，目前该系统已经取得了长足的进步，在2012年就已经实现了区域目标，即75%的学生在测试中达到熟练水平（三级），而在2003年达到此标准的学生只有58%。[2]

安大略省不会对表现不佳的学校给以预警，或是公布破产学校的名单。相反，他们会在教师身上下功夫，培训和指导这些教师，以此提升课堂教学的效果。他们提供网络支持，让陷入困境的学校从做得更好的同类学校那里获得帮助。

尽管偶尔会采取坎贝尔的不正当激励措施，但这种网络环境为学校提供了更多的支持，有利于教师运用数据加深对学生学业情况的了解。例如，一所小学的学生读写能力稳步上升，不是靠关注那些边缘学生或开展应试教育，而是利用数据，聚焦于所有需要关注的个体学生身上。在这所学校里，所有的老师都关心全体学生的学习情况，并

---

❶ 查阅完整的安大略省教育研究报告，请参见A.Hargreaves and H.Braun, Leading for All: A Research Report of the Development, Design, Implementation and Impact of Ontario's 'Essential for Some, Good for All 'Initiative, Oakville: Council of Ontario Directors of Education,2012. 在我们研究期间，安大略省的国际比萨测试成绩与其他加拿大省份的对比情况请参见报告：T.Knighton, P.Brochu and T.Gluszynski, Measuring Up: Canadian Results of the OECD PISA Study, Ottawa, Ontario: Statistics Canada,2010.

❷ 许多作者和组织都意识到了该省份所采取的内部举措卓有成效。最权威的信息源自领导力和变革方面的国际专家，前安大略省省长的特别顾问——迈克尔·富兰（M.Fullan）。请参见M.Fullan and A.Boyle, Big-City School Reforms: Lessons From New York, Toronto and London, New York: Teachers' College Press,2014.

不局限于自己所教的班级或年级。“他曾是我的学生，现在是我们的学生。”他们说。教师们会借助一个用红、黄、绿颜色标注的、能及时跟踪学生动态的数据图（Wall of Data）来了解每位学生的进步情况。除了那些张贴在墙上的学业成果之外，他们还会检查学生在其他方面的表现情况，包括课堂作业档案。每个人的精力都放在学生身上，坚持不懈地推动学生进步，激励他们，每周重点关注一位学生，周周如此。正如一位该地区的工作人员所说的那样，“我们了解他们的真正水平，并不断激发他们上进。”

像这样具备提升性领导力的学校懂得尊重教师，能够广泛搜集到信任数据，可以根据线索即时实施干预，同时也增强了教师们的集体责任感。在这些案例中，数据搜集的过程应该且一定要结合教师对他们所熟悉的那些学生的判断，以此提高教学效果。

目前所面临的挑战是，很多教育测试方法和数据驱动的提升过程，与商业和体育竞技领域中收效最好的方法和过程正好截然相反，这其中包含的测试方法极其有限，也很少有或压根就没有专业人士参与测试，且事后才对那些曾参与测试的学生实施干预，恐怕已经没什么用了。这种做法会引起人们的叛逆、玩世不恭，甚至导致腐败行为，最终破坏学校为我们的孩子和国家做事的意图。尽管这些都意味着公共教育领域与商业行为的问责制大体相同，但实际上还是没能说清楚最成功的企业是如何应用这些数据的。

## 5. 结论

点球成金并非只是让人盲目地运用数字提高绩效。与奥克兰运动家球队相比，伯恩利的绩效分析师和他的足球俱乐部更强调运用统计数据的互动性和包容性，他的做法明显比洛巴诺夫斯基领导下的，运用马克思主义科学方法培训的足球队要谨慎得多。伯恩利的分析师与教练共享数据，会基于绩效或能力水平对数据进行解释，会邀请球员查看他们的数据统计结果，会与联赛中球员的平均成绩做对比，随后共同探讨提升成绩的具体做法。“数据会提示他们应该怎么做，但不会帮助他们做决定。”他解释说：“无论是战术还是技术，你都可以有不同的解释。”他说，用威胁或命令的方式回应数据注定会失败，这是因为“规定做什么”可能会“泯灭自发性和破坏创造力”，这并不符合俱乐部和球队“言论自由”的处事原则。一位分析师告诉我们：“我的优势就在于能够搜集到数据，并提醒教练关注这些信息。据此，他们可以做出决策。”他继续说：“我不想一开始就告诉人们应该做什么。我只是想帮助球员，让他们保持最佳状态。”

每个精明的教练和领导者都知道，数据不会自发地实施提升绩效的措施。结合人们的判断力，数据统计结果就可以谨慎地给出提示。《点球成金》播出后，人们在棒球比赛中又重新认可了直觉和判断之间存在的互补性。

在《大数据》一书中，作者维克托·迈尔·舍恩伯格（Viktor Mayer Schonberger）和肯尼斯·库克耶（Kenneth Cukier）描述了数据融入生活的多种方式。[1]他们认为，大数据是“社会以一种前所未有的方式，通过对信息进行分析，获得有巨大价值的产品和服务，或深刻的洞见。”他们解释了如何通过分析海量数据来预测流感的爆发，精确地找到最有可能存在严重火灾隐患的建筑物，运用复杂

[1] V.Mayer-Schonberger and K.Cukier, Big Data: A Revolution That Will Transform How We Live, Work and Think, New York: Houghton Mifflin,2013.

算法为在线学习者提供学习方面的即时反馈。

本章讲述了在高绩效组织和系统中，大数据究竟能做些什么。事实证明了数据如何让人们更有可能实现自己的目标。数据帮助菲亚特汽车公司杜绝了浪费，帮助Shoebuy.com逐渐改进了网站的设计。在教育领域，数据面板会更加快速准确地诊断出学生在学习中遇到了哪些方面的问题，教师们共同承担责任，为所有学生的成长保驾护航。即便是对过度测试持反对观点的加州教师协会也采用了国家学业成绩指标（State's Academic Performance Index）来衡量进步，并据此交流成功的经验。

不过，在迈尔·舍恩伯格和库克耶广为宣传大数据技术之后，他们又力劝读者尽量避免利用大数据技术去解决他们遇到的所有问题。他们指出："需要专门为人类开辟一个地方：为直觉、常识和运气留点空间……"他们说："人类的伟大之处恰恰是算法和芯片无法计算出来的。"[1]提升性领导者有人性化的一面，也同时顺应技术的变革。但最终，没有什么能取代人的价值，也不能由计算机指标来衡量绩效是否有所提升。不存在特定的算法，电子表格也无法展现出人的智慧。最关键的是，究竟如何利用标准提高人的判断能力，丰富人的阅历知识呢?

20世纪70年代，南方公司率先提出了便利店概念，并在日本创建了著名的7-11连锁便利店。第一位首席执行官铃木敏文（Toshifumi Suzuki）把订货的任务交到商店的200000名员工的手里，他们中大多数都是兼职销售人员。他相信这些雇员最了解顾客的需求，能够准确、快速地决定卖哪些商品。为了推进此事，每家便利

[1] Mayer-Schonberger and Cukier,196.

店都会收到一些销售报告，其中会重点标明前一两天卖掉了哪些商品，哪些商品卖得最好。日本的7-11便利店售卖新鲜食品，实行一日三次的配送制度。铃木允许雇员与供应商直接联系，这样一来就可以根据最新数据，了解需求和实施配送。[1]因此，近三十多年来，7-11便利店一直是日本最盈利的公司——它的故事不仅仅关乎大数据、复杂系统，或电脑生成的数字，还关乎向员工授权，让他们基于大量的数据信息，结合每天服务客户的直接经验，自己做出判断。

提升性组织和系统的领导者知道正确运用数据，基于事实依据做出决策的重要性。他们采用有效的度量标准，建立指标和核心目标之间的关联，以客观事实为判断依据，但同时也重视个人的经验和各种关系。他们会衡量自己认为最重要的方面，而不只是衡量那些容易评估的事物。指标也极具现实意义，其中涉及一系列相关指标，并提供实时跟踪和响应功能，同时迎合长期趋势，实施一些举措，避免产生牛鞭效应。跟踪流程意味着通过访问即时数据，不断地了解组织的状况，了解目前的进展情况。

提升性组织和系统的领导者也会基于他们认为重要的数据，制订宏远的弹性目标。在很多情况下，他们都会共同设定这些目标，让每个人都参与其中。但在很多事情上，他们还是会基于彼此的信任和相互的支持来确立目标，目标从来都不会受制于一个疏远而冷漠的官僚组织。

提升性组织和系统可能认为自身会受到数据的摆布。不过在这些组织中，是人——不是数据——在推进事情的进展，他们评估个人的

---

[1] R.L.Arar Han, Tanpin Kanri: Retail Practice at Seven Eleven Japan, Harvard Business School case study, Cambridge, MA: Harvard Business School,2005.

知识、良好的人际关系及需要共同承担的责任。从本质上来说，在社会的演变进程中，人们用数据支持自己的观点、肯定自己，但数据却不会廉价地取代人类所有的努力，它同样也无法取代那些核心的关系，这些关系构成了人类成功的基石。但是，数据可以逐渐地带动和推动人们聚焦在一件正确的事情上，并确保他们付出的努力能够产生积极的、持续性效应。我们将在下一章探讨这些效应对可持续性成功造成的影响。

# 第六章

## 可持续性成功

珍妮特·古道尔
(Janet goodall)

这是人类常犯的一种错误，不考虑晴天里出现暴风雨的可能性。

——尼可罗·马基亚维利（Niccolo Machiavelli），《君主论》（1452）

### 1. 持续的重要性

提升性领导力的核心在于保持可持续性。但遗憾的是，只有在组织发生变革之后，人们才会思考可持续性发展问题。这是一支回马箭，是无人听见的事后感言，如同太过成熟的果实，在上市前就已经腐烂一样。在尝试改进的过程中，与其失望和后悔，不如为了持续现状做最后一搏。通常来说，只有在一切工作结束之后、机遇已经错失，或金钱散尽时，人们才会想到可持续性问题。“一切都非常顺利，”我们说，“但是我们能坚持多久呢？”

在我们提出这个问题的时候，其实已经来不及了。事物和人都已经发生了改变，焦点问题也肯定有了变化。还有很长的路要走，但你的精力却正在消耗殆尽。

可持续性问题应该是我们首要考虑的事情，而不应放在最后才去思考。[1]当我们耗尽资源时，我们应该做些什么？我们应该坚持最初的目标，还是尽可能地快速发展？当我们退出时，谁会取代我们？在那一刻来临时，我们每个人会作何打算？多久才能看透整件事情？多久才能重整旗鼓？如何在不牺牲长期收益的情况下，实现短期目标？我们应该在自己擅长的方面持续改进，还是确定一个新的发展方向？这就是组织领导力的核心问题和永恒话题，在我们最初寻求转变时，它们的作用至关重要。对上述问题的回答，也是一种实力的体现，一种能否把最初取得的成功延续下去的能力的体现。

## 2. 不可持续性

不可持续性和可持续性是相对的，是指未能改善或未能长期存续下来。死神悄然接近，通常会抹杀掉我们为转变而付出的所有努力。不可持续性显然发生在 难以维系之时，也发生在丧失了决定生存本质的核心价值和目标之时。不可持续性产生的影响可以完全颠覆我们研究中提及的所有提升性领导力要素。研究中，我们发现常见的不可持续性有三个基本特点，下面我们将分别介绍这三个方面。

### （1）开局失利和复苏假象

当人们忘记了他们是谁，忽视了什么才最重要的时候就会出现不可持续性。谁都会发生这种事情，罗恩·托伊戈（Ron Toigo）也不例外，他是温哥华巨人队的主席，也是该组织的幕后推手。托伊戈在加拿大西部开发房地产，由此积累了自己的财富。在本赛季球队参加的最后

---

[1] 有关可持续性和可持续性领导力问题的相关讨论，请参见 A.Hargreaves and D.Fink, Sustainable Leadership, San Francisco: Jossey-Bass, 2006.

一场比赛开赛之前，我们坐在包房里，当时托伊戈向我们讲述了20世纪90年代他第一次投资冰球队失败的经历。作为这项体育运动的球迷，他的名下拥有大量投资基金，所以他决定组建一支球队。他回忆说："这是一个自带记分牌的企业，所以比大多数企业有意思得多。"

当托伊戈驱车几个小时前往美国南方三城冰球俱乐部时，第一次投资机会悄然而至。回顾那段往事，他知道自己当时输得一败涂地。远距离遥控每一场比赛，意味着他与球队没有任何实质接触，对这个球队也毫无感情可言。这只是他花大价钱买下的一支球队。只要成绩一下降，他们就会采取快速而简单的做法，例如放弃挑选优秀球员，购买有经验的老球员。"我们不知道自己是谁，"他说："我们也从未想过自己到底想要什么，我们只是想要赢得比赛。"球队的成绩并不理想，关系也没有搞好，所以最后他离开了。

托伊戈迅速成长起来。他的第二次投资选在了温哥华，这里离他的家乡很近，他觉得在这里能找到一个目标和一种纽带。但他的城市已经有了一支冰球队——富有雄心壮志的温哥华加人队，2011年曾入围斯坦利杯（美国冰球联赛的最高奖杯）。该球队负责业务拓展的副总裁指出，巨人队是唯一一支在同一个城市里还有另一支国家冰球联盟球队（即温哥华加人队）的青年冰球队，但它并不归温哥华加人队所有。他说，这并非是一件坏事。巨人队并没有把强劲的温哥华加人队视作竞争对手，而是把这看作是一次机会，把他们视作同盟者。"你在温哥华加人队参加的比赛中不会看到很多孩子，但却有很多家庭持有我们联赛的季票。家庭的所有成员都会观看每一场比赛，在观赛中度过美好的时光。"

巨人队在冰上的表现极为勇敢，出尽风头，但是离开了球场，它却俨然是一个大家庭。与其说巨人队是个公司，不如说它是一个能够吸引很多家庭前来观赛的团队。此刻无论赛场内外，家人、球队、冰球运动交织在一起，尽显大爱。当激动人心的常规赛最后一场比赛结束时，我们就坐在球门的后面，当时巨人队的球员们在赛场中心举行了庆祝仪式，他们排成一列，脱下他们的球衣送给年轻的球迷们，赛场里球员和球迷们一起欢呼起来。托伊戈在他的家乡找到了自己的团队，找到了自己的目标。不过他需要为球队的生存而努力，因为球队的存在违背了常理，即一个城市里有两个冰球俱乐部，那么其中的一个就是多余的。通常，如果你资金充裕或急于成功，那么在刚开始涉足体育产业时都会犯下一些错误。实现可持续性发展需要一种与众不同的投资方式——把钱花在那些最重要的人和团队身上。

有时，失去目标并不是在一开始的时候，而是在经济下滑的时候。在《大公司是怎样倒下的》（How the Mighty Fall）一书中，商业领袖吉姆·柯林斯（Jim Collins）描述了一些公司如何从鼎盛走向衰败，有时在衰落时期，还会出现一次短暂的复苏假象。[1]全球领先的零售商玛莎百货就是其中之一。

玛莎百货公司本身就是一部励志史。最初在1894年，一个叫迈克尔·马克斯（Michael Marks）的波兰移民白手起家，与托马斯·斯宾塞（Thomas Spencer）共同合作，在英格兰的北部开始经营他们公司的第一家零售摊位。[2]公司在第一个百年中稳步增长，在英国开设了多家分店。玛莎百货公司以合理的价格销售高档商品，支持无条件退换货，由此提高了知名度。1998年，该公司成为英国第一大零售商，创造的利润超过10亿英镑。公司稳居英国最受欢迎

---

❶ J.Collins, How the Mighty Fall, New York:HarperCollins,2009.

❷ 本书给出的有关玛莎集团的数据、引证和资料及后续阐述均源自“远超预期的企业绩效”研究期间搜集到的一手资料，信息来源于公司网站、最新案例，请参见J.Bevan, The Rise and Fall of Marks&Spencer: And How It Rose Again, London: Profile Books, 2007.

的店铺榜首。

到了2009年，玛莎百货——后来被称作M&S——在世界最大的零售商中位列第43位，在英国有600家分店，有超过285家分店遍布在全球40个国家。在英国最大的140家公司中，玛莎百货是最富盛誉的一家公司。[1]基于道琼斯可持续发展指数来看，玛莎百货一直都是全球零售商中可持续发展的先锋企业。[2]

然而，在持续一个多世纪的成功之后，到了20世纪90年代末期，玛莎百货却数年出现效益波动现象，企业一度陷入混乱状态。该公司业务上的强劲表现给人们留下了深刻的印象——但也极具欺骗性，因为他们掩盖了一系列问题。另一方面，公司门店有许多特殊的规定——例如不接受信用卡，或不为顾客提供更衣室——这些规定不仅过时，而且可笑。此外，在市场并购谈判中，自信会演变成自负。20世纪90年代后期，理查德·格林柏利爵士（Sir Richard

---

❶ M&S Tops Reputation Institute's Rankings for Best Corporate Reputation, Reputation Institute,www.reputationinstitute.com/events/RI_Press%20Release_GLOBAL_PULSE_UK_04june2009.pdf,2009年6月4日.

我们研究阶段搜集到的其他专业数据均源自市场数据：玛莎集团产品生命周期，金融时报，参见网址：http://markets.ft.com/tearsheets/performance.asp?s=uk: MKS, 2010年8月13日。

玛莎集团,2010年年度报告：关键绩效评估，参见网址：annualreport.marksandspencer.com/financial-statements/key-performance-measures.aspx.

"经济危机：当玛莎集团声称最严重的经济衰退已经过去时，修正后的GDP增长速度更快了"，《每日邮报》，参见网址：www.dailymail.co.uk/news/article-1281221/Marks-Spencer-proclaims-worst-recession-rings-632m-profit.html, 2010年5月25日。

威廉姆斯 • H, 玛莎集团宣称获利6.32亿英镑，《独立报》，2010年5月25日。www.independent.co.uk/news/business/news/marks-amp-spencer-report-pound632m-profit-1982252.html.

❷ 例如，在2005年企业社会责任披露报告中，玛莎集团宣称在2003年、2004年和2005年，公司一直是"领跑全球道琼斯可持续发展指数的零售商"。参见玛莎集团，企业社会责任披露报告，网址为：

http://corporate.marksandspencer.com/documents/publications/2005/2005_csr_report.pdf.2005年2月。

Greenbury）担任玛莎公司的首席执行官和董事长，他迅速扩充了国内及海外门店的店面——年度投资额增加了一倍以上。盈利空间受到了压制，主要表现为玛莎百货的商品价格不断抬升，客户服务的质量逐年下降。公司似乎不再以顾客为本，不再生产全灰色的女士时装，当然这种时装无论从风格，还是商业角度来看都谈不上成功。❶

艰难地带动数字上的变化，追求更高的利润——虽然这种方式作用不大，但却是公司唯一能做的。公司陷入了“登顶热潮”之中，代价就是丧失了与顾客接触的机会。回顾玛莎百货的兴衰史，朱迪·贝文（Judi Bevan）得出了以下结论：“格林柏利和他的同事们把生意做得非常大……以牺牲创业者家族的价值、质量和服务等原则为代价，不断地追求着利润。”❷

来自英国的新兴零售企业，如普里马克（Primark，爱尔兰服装品牌）、耐斯特（Next，英国服装品牌）和乐购纷纷设计出了价格实惠的现代服装，并以最引人注目的方式展示这些服装。除鼓励使用会员卡之外，这些公司也提供更为便捷的支付方式，现如今这些做法在零售业极为平常——但玛莎百货却并没有这么做。❸

在新世纪，玛莎百货出现了回暖的假象。公司推荐在线购物，开始接受信用卡，推出一系列新款服装。这些做法短期内提高了市场利润，恢复了一些市场份额。然而，新聘任的设计师们并没有打算长期效力于玛莎公司，他们高调宣扬自己的成就，以此获得提升。公司业绩又开始下降，有关收购问题的争论无休无止，打破了公司的平静。如果想要获得持续性成功，那么玛莎百货就需要一个更好的解决方

---

❶ Bevan，The rise and fall of Marks & Spencer : and how it rose again（玛莎百货的兴衰），202.

❷ 同上，177-178页。

❸ 同上，213页。

案，而不是临时性地投资新的时尚品牌或出钱聘请新的设计师。在接下来的一章里，我们将回顾他们曾采取的与之相悖的方法。

在哈佛商学院的一项案例研究中，罗伯特·艾克尔斯（Robert Eccles）教授、乔治·席拉费（George Serafeim）教授和凯尔·艾博瑞斯特（Kyle Armbrester）教授描述了随后出现的破产危机。“1998年，这家公司的利润达到最高点，营业收入高达82亿英镑，盈利额高达11亿英镑。但是利润很快再次出现下滑，原因是公司与英国主要供应商的合作不太愉快，顾客虽忠实于英国本土公司，但又受到低价的吸引，所以客户的忠诚度有所降低。在2000—2001这一财政年度里，这家公司陷入了最严峻的财务危机之中，公司股价下跌了2/3，营业利润下降至1.43亿英镑，营业收入只有8亿英镑。”[1]

### （2）骄傲和自满

当组织认为自身取得的业绩是“理所当然”的，或轻易就品尝到了成功的喜悦时，组织就会逐渐丧失可持续发展能力。当自信变成自负，因赢得了荣誉而变得傲慢狂妄时，组织也会失去可持续发展能力。持续发展意味着，当领导者确认自己不必再学习，也不接受任何批评性意见时，危机就会不期而至。

当澳大利亚板球队的队员对自己所取得的成绩自鸣得意、傲慢无比，过分计较个人得失，一谈及合同条款就闪烁其词时，球队就会陷入岌岌可危的境地。当雇员们首要考虑的是为公益事业做出贡献，而不是获得盈利时，斯科特巴德就会面临财政危机。当菲亚特汽车公司所生产的产品质量不过关，设计构想缺乏吸引力，无法彰显时尚品牌的特性，无法提升企业声誉时（尽管20世纪60年代这一切都曾让公

[1] R.G.Eccles, G.Serafeim,&K. Armbrester, Tough Decisions at Marks&Spencer, Harvard Business School case study, Cambridge MA: Harvard Business School,2012,2.

司大受追捧），它不得不退出了美国市场。

无论顺境逆境，当你忘记了每天为信仰而战，忘记了保持信念，你就会作茧自缚、目空一切，最终丧失掉对你而言极为重要的一切。

### （3）扼杀竞争

组织也会因为对竞争对手不屑一顾或损害了竞争对手的利益而举步维艰。他们要么忽视竞争，要么试图扼杀竞争。就如同披头士（甲壳虫乐队）所唱的那首《无情的浣熊》（Rocky Raccoon）中对猜忌者的描述一样：他们试图向对手的腿部射击。难以为继的组织和他们的领导者不懂得尊重他们的对手。他们看不起对手，他们试图淘汰竞争对手，或觉得从竞争对手那里学不到任何东西。他们不知道如何实现竞合，这让他们错过了发展的机会。

20世纪90年代，菲亚特公司因受到市场主导地位的保护，所以在日益重要的全球市场中免受业绩下滑的困扰。澳大利亚板球队知道，如果它能在全球范围内推进这项运动的基础设施的建设，那么它就能在场外创造效益，并带来持续竞争力。但可以预见的是，这么做也会让其难以在国际竞争中处于领先地位。他们知道体育迷们和媒体不会喜欢那些拥有着极不相称的巨额财富，几场比赛过后，几乎可以扳倒所有竞争对手的球队。正如我们在第三章软件和电缆供应商的案例中看到的那样，顾客抵制商业垄断，这种商业垄断将顾客的选择和服务部门简化成了“一刀切”模式，颇具斯大林时期的官僚作风。

很明显，获得持续性成功的一种方式就是避免在不可持续方面重蹈覆辙。 确保你不会为了他人的利益，过分追求业绩指标，从而放弃自己大胆而鼓舞人心的梦想；为美好的未来努力奋斗，永不言弃；战斗到每场比赛的最后时刻；绝不盲目地随波逐流；不会选用那些无用的、错误的绩效指标；别对个别的人物抱有幻想，尽管人们更倾向于相信自己会依靠个人之力，瞬间扭转残局；不要试图摧毁所有的竞争对手，当有很多事情要做，或是可以获得更大的收益时，尝试着与竞争对手联手合作。一定有很多办法可以维持成功和留在制高点。

不过，仅仅规避错误的做法，并不会取得成功。我们只有深思熟虑后，采取积极行动，寻求可持续性发展，才会最终获得成功。芬兰这个国家就综合了所有影响可持续性的积极因素。多年来，芬兰不仅是国际比萨学业测试中学生成绩最高的国家（当然除亚洲外），而且在经济竞争力、创新力、公司信息透明度、儿童的健康和福利等方面也优于其他国家和地区。

## 3. 芬兰的经验教训

2007年1月的一个昏暗的早晨8点，我们的一位成员在赫尔辛基（Helsinki）乘坐火车到耶尔文佩（Jarvenpaa）市辖区观光旅游。经济合作与发展组织（OECD）（以下简称“经合组织”）是一个国际决策机构，指导各级政府制定全球化及各个国家的教育政策，安迪（Andy）是由OECD组织召集起来的三人工作组中的一员，他想要弄清楚芬兰能够在国际比萨学业测试中独占鳌头的原因。[1]

2010年，3个亚洲地区——中国香港、上海和新加坡——加入进来，除这3个亚洲地区以外，芬兰依旧是全球学生学业成绩最高的国家。因此，在之前采用比萨测试的国家中，芬兰仍然位列榜首。在股权投资方面，与其他比萨测试的参与国家相比，芬兰校际之间的差

[1] 这次访谈和完整的研究报告可参见A.Hargreaves, G.Halász and B.Pont, The Finnish Approach to System Leadership, in Improving School Leadership, Vol 2: Case Studies on System Leadership, ed. B.Pont, D.Nusche, D.Hopkins, Paris: OECD, 2008: 69-109.

异最小——只有经济合作与发展组织平均水平的1/10。这就意味着与美国和英国这些国家有所不同的是，在芬兰，如果想要凭借父母的财富，或父母的职业来预测学生的学业成绩，几乎是不可能的。[1]

我们在耶尔文佩地区参观的一所学校，距离芬兰著名的古典作曲家简·西贝柳斯（Jean Sibelius）的家只有两英里。[2]没有哪个发达国家能像芬兰一样，成就了那么多的交响乐作曲家，这展现出芬兰独特的创造力。耶尔文佩的高级中学彰显出了绝大多数芬兰学校的现代设计理念。一群芬兰学生向我们展示了他们如何通过电脑平面设计，将传统的艺术创意与技术融为一体。他们同样备感自豪的是：他们的绘画、纺织艺术作品借用了很多传统媒体技术。

在这些学校里，培养创造力是首要任务。它强调了创造力对于芬兰而言，意味着什么。高中毕业之前，这个国家的所有学生都要学习创作及表演艺术，而国家财政会支付所需音乐器材的费用。技术创新和竞争力并非让芬兰打破传统，相反，是让芬兰的人民融入他们的历史。芬兰的历史连贯地记录了整个国家终身学习和发展的历程。

芬兰强调创造力，这也源于一次危机。20世纪90年代初，这个国家遭受过一次经济危机。当时房地产投机行为泛滥，房地产泡沫最终在1992年宣告破灭。更糟糕的是，1991年苏联解体，这意味着芬兰的某些商品如纸张和橡胶制品的垄断地位也随即宣告终结，这对芬

---

❶ 谈及芬兰所取得的成就的几份报告已经由国际政策和政策咨询机构出版发行，请参见 OECD, Finland: Slow and Steady Reform for Consistently High Results in Strong Performers and Successful Reformers in Education: Lessons from PISA for the United States. Paris: OECD 2011, 117-136.

M.Mourshed, C.Chijioke and M.Barber, How the world's Most Improved School Systems Keep Getting Better,London:McKinsey,2010.

❷ 访问耶尔文佩的其他情况都记载于哈格里夫斯、哈拉茨和庞特撰写的《芬兰的系统领导方法》一文中。

兰经济产生了致命的影响。失业率接近20%，公债占到国内生产总值（GDP）的60%以上。

总理阿霍（Aho）和政府采取了应急措施，依靠货币贬值刺激出口，但这也只是权宜之计，他们更需要实施一项更为大胆的长远性策略。在哈佛大学教授萨尔伯格（Sahlberg，之前曾担任芬兰国际交流中心主任）的著作《芬兰的经验教训》（Finnish Lessons）一书中——描述了经济危机是如何让国家的政治领导人团结起来，与那些来自大学和公司世界的人们一起，勾画出了一个振奋人心的梦想，让整个国家为之沸腾。[1]

领导者们向这个国家最优秀的智囊团——即所有的子民寻求帮助。芬兰人相信：如果能够建立发达的知识经济体系，能够对未来可能出现的危机快速响应并找到解决办法，那么芬兰就一定会有更广阔的前景，更具创造力。为了实现这个目标，他们需要未来的几代人掌握相关的知识和技能，而这些知识和技能是在世界的其他任何一个地方都无法获得的。因此，芬兰开始着手打造一个强调创造力、高技能、高薪酬的知识经济时代。在这里，相比于竞争者而言，人们会更快、更有效地创造、应用、共享和传播知识。

因此，必须不断地扩大和投资优质教育，为每个人提供优质教育，这个过程毫无捷径可言。在芬兰，一个强大的公共教育系统通过学校和高等教育为人们提供免费教育，这是国民的基本权利。私立教育几乎不存在。所有的教师都拥有硕士学位，教师的录取比例不足10%。这个鼓舞人心的梦想视教育和教育工作者为国之命脉，吸引着最聪明、最执着坚定的毕业生进入教育领域，从事教育工作。当

[1] 参见 P.Sahlberg, Finnish lessons: What Can the World Learn from Educational Change in Finland? New York: Teachers College Press,2011.

然，教师职业也是人们择偶时优先考虑的两大职业之一（毋庸置疑，未来丈夫的职业首选是医生！）

芬兰的优质教育推动了创新。全国GDP的3%几乎全用于促进科技和技术的发展——这个比例高于其他任何一个发达国家。芬兰近乎一半的小学老师都把数学或科学课程视作自己大学期间的主修科目或辅修科目。但是，创新和创造力并不局限在科学技术方面。芬兰作为一个富有创造力、具有工匠精神的国度，正如我们在耶尔文佩看到的那样，这种创新思想贯穿于学校的课程体系，融入了芬兰人的传统意识之中。

芬兰人的梦想包容万物，鼓舞人心。人们会受到梦想的指引，也会用高度的集体责任感成就梦想。它重塑和反复强调了人们已有的普遍认知，以期在当前及未来取得更大的经济效益和突出的教育成果——即赋予教育崇高的社会地位，把优秀的、训练有素的毕业生引入教育领域。据萨尔伯格（Sahlberg）教授所说："这个梦想成功地保护了政治上相互对立的机构和部门不受任何影响，正常运作。"[1]

正如我们在第二章首次提到的那样，芬兰人凭借着sisu精神，克服了重重的障碍，坚毅不屈地追求着他们伟大的民族梦想。当芬兰人着手改善他们的教育体系时，他们的首要任务并不是努力鞭策和磨炼那些天赋异禀的学生，而是逐一提高每一位基础较差的学生的成绩。这就是为什么芬兰的特殊教育策略几乎适用于所有被学习问题困扰的孩子。[2]到他们高中毕业的时候，大概一半的芬兰学生都接受过这样或那样的特殊教育。课堂上，助教老师会提供全面的支持，如有必要，还会提供其他方面的支持。每一所学校里都会有一个福利社团，每周开会商议可能陷入学习困境的学生个案。在芬兰国内，这种

---

❶ 参见P.Sahlberg, Finnish lessons: What Can the World Learn from Educational Change in Finland? New York: Teachers College Press,2011.

❷ 芬兰的特殊化教育问题，请参见N.Grubb, H.Marit Jahr,J.Neumuller and S.Field, Equity in Education: Thematic Review of Finland, Paris:OECD,2005.

一视同仁的做法并不会带来立竿见影的效果。不过年复一年，通过展现每一位学生的发展前景，调节课堂的气氛等方式，落后学生的数量越来越少了，来自顶层管理部门的限制也逐渐放宽了。

2013年比萨测试结果明显表明：芬兰的测试成绩有所下降。[1]人们质疑芬兰人是否沾沾自喜于那种让国家受益了20年的革新方式——就如同在国民经济中占绝大部分比例、极具代表性的电信公司诺基亚一样。[2]的确，当我们回到芬兰，汇报我们的研究成果，同时问及未来20年，芬兰人的梦想是什么时，最普遍的回答就是"维持现状"。

不过，自20世纪90年代初以来，芬兰的经济和教育改革就已经显现出了可持续性发展的三个重要特征，即：

（1）它们将传统的价值观与未来的目标融为一体，为强大的公共系统的改革奠定了坚实的基础；

（2）促进绩效的提升，并保持合理的增长率；

（3）将短期目标和长期目标融为一体，而不是单纯追求经济效益和学生成绩的快速、大幅度提升。

芬兰人知道哪些重要要素可获得持续性成功，其中包括：必须建立在坚实的基础之上；增长速度既不能慢的难以维持发展动力，也不能快的让每个人身心疲惫；通过建立短期收益和长期目标之间的关联，避免出现虚假繁荣现象。

接下来我们将更加详细地探讨其中的每一种要素。

### （1）坚实的基础

通常来说，看似突然且影响巨大的力挽狂澜和迅速崛起，实则都

---

❶ OECD, 聚焦2012年比萨测试成绩：15岁孩子所知道的，以及用他们所学可以做些什么？ www.oecd.org/pisa/keyfindings/pisa-2012-results-overview.pdf. 2013年。

❷ A.泰勒，芬兰曾拥有世界上最好的教育系统：究竟发生了什么？商业内幕网站，www.businessinsider.com/why-finland-fell-in-the-pisa-rankings-2013-12.2013年12月3日。

依赖于多年前他人打下的基础。前人付出的努力已经成功阻止了之前的下降趋势，开发出了更好的商业模式，建立了新的关系，或新建了金融、物理和人力资源方面的基础设施。

通常而言，魅力型领导者也只是站在巨人的肩膀上略施影响，而那些默默无闻的先驱才是真正的英雄。在伦敦陶尔哈姆莱茨区，前辈安娜·索弗（Anne Sofer）为前任董事克里斯汀·吉尔伯特（Christine Gilbert）的工作奠定了坚实的基础，但他原本对这位前辈一无所知。的确，在1997 ~ 2000年吉尔伯特任职期间，该地区学生的测验成绩逐年提升，他公开称赞在索弗最初任职的1994 ~ 1997年期间，索弗逐渐展现出了非凡的领导才能，同时也让学生的测验成绩有所提升。索弗消除了混沌局面、建立了清晰的公司结构、提高了融资效率，为吉尔伯特实施各种举措提供了安全平台。吉尔伯特成功地接替索弗，又把接力棒传给了凯文·柯林斯（Kevan Collins）——即吉尔伯特的下一位继任者，他们每个人都在前任所获成果的基础上取得了更大的成就。2013年出版的陶尔哈姆莱茨区的故事也证实了该地区学校里学生持续获得成功的事实。[1]

幸运的是，许多在学生能力国际比萨测试中获得高分的佼佼者所处的政治环境都较为稳定，因此不会在定期的换届选举中，因为短期的政治优先权而推翻前任政府颁布的教育政策。例如在芬兰，大体上来说教育政策凌驾于政党的各类政策之上。成绩斐然的加拿大阿尔伯达省（Alberta）由同一个政党（保守党派）治理了40年，因此该地区可以在各届选举交替过程中确保政策的连贯性。尽管新加坡是一个民主国家，但事实上实施的却是一党专政制度。

如果系统不可持续或无法拓展下去，那么它一定是由某位领导人

---

[1] D.Woods,C.Husbands, and C.Brown, Transforming Education for All: The Tower Hamlets Story, London: Tower Hamlets,2013.

自己建立起来的。当菲亚特在自己的主营业务范围之外广泛开展收购工作时，乔瓦尼·阿涅利（Gianni Agnelli）却重新聚焦于汽车行业，并将其作为公司的主营业务，这为塞尔吉奥·马尔基翁内（Sergio Marchionne）（菲亚特克莱斯勒CEO）大力发展菲亚特奠定了基础。在义安中学，艾德里安·林（Adrian Lim）推动着技术创新，这源自他的前任在之前就已经构建的一个展现成就和成果的稳定平台，他对此极为感激。安大略省的自由党政府可以开展广受赞誉的教育改革，并不是得益于零起点，而是因为它已经拥有了一支强大而富有战斗力的教师队伍，不过在之前自上而下的干预下他们的表现却有些差强人意。

只有少数的成功领导者是从零做起的。通常而言，他们的前任及其已经取得的成就并不能即刻为人所知。一般来说，创造可持续性成功，并不是将前任领导者从历史和记忆中抹去，而是将他们的功绩串连在一起。

集聚前人的功绩，延续之前的提升性领导力的一种方式就是通过一个我们称之为“浪子领导（prodigal leadership）”的过程。浪子领导者就像是圣经里的那个浪子，许多年后回归家庭时依旧受到家人的欢迎。在我们的研究中，许多浪子领导者在组织中度过了职业生涯中最美好的时光，在这里他们保持着对组织的持久忠诚。他们会从外界吸取经验，并在管理过程中补充其他一些重要的见解和思想，并最终将一种极富权威的局外人观点融入组织。伯恩利足球俱乐部的主席巴里·基尔比（Barry Kilby）曾效力于俱乐部的青年队。澳大利亚板球队的很多高管过去都曾经是国家队里的顶级球员。特里西娅·奥克鲁瓦（Tricia Okoruwa）在陶尔哈姆莱茨区的第一份工作是教师，曾离开了一段时间到国外任教，随后回到哈克尼区担任教育领域的领导者，再后来成为一名校长，最终一步步升至教育总监。

有关浪子领导的一个特别有趣的案例是关于玛莎百货公司的执行主席斯图尔特·罗斯爵士（Stuart Rose）。自2004年罗斯担任玛莎公司董事长以来，他曾多次紧急关闭门店抛售存货——就如同汇丰银行的金融服务——这是公司快速制胜的方式。但是罗斯幼时住在破篷车里，生活贫困潦倒的这段童年经历让他坚信奠定雄厚的基础是多么的重要。[1]对于他而言，重建的动力更大——持久且永恒。

罗斯早期的经验在玛莎公司派上了用场。刚入职时他只是一名见习行政人员，在公司一待就是17年，他深入了解组织的文化。随后他跳槽到另一家同行竞争者企业，并获得了提拔。他是一位内升空降的领导者，既来自不同企业，又来自基层。据一位分店经理说：“人们感到很失落，他们期待着斯图尔特·罗斯能带着我们走出死亡之谷。”一位中层管理者补充道：“斯图尔特充分理解勾勒出一个明确的愿景，制订一个聚焦‘产品第一、利润第二’的商业计划是多么的重要。”

罗斯的创新观点轰动一时。“引导消费者也是非常重要的。如果你等着顾客告诉你需要做些什么，那么已经太迟了。优秀的商业领袖应该早一步知道顾客想要什么，换句话说，顾客并不确切知道自己想要什么。这就是创新的意义。”[2]他继续说：“总是有一些首席执行官能在这场游戏中处于领先地位，他们意识到他们必须寻找不同的路径，倾听不同的声音。他们属于少数派。”

罗斯清楚地知道玛莎百货意味着什么：公司在价格和质量方面的价值观极为传统，有着长达百年的历史。不过，在他保留公司传统的价值

---

❶ S.梅祖，斯图尔特·罗斯：十全十美，独立报，参见网址：www.independent.co.uk/news/people/profiles/stuart-rose-fine-and-dandy-435791.html.2007年2月10日。

❷ 斯图尔特·罗斯爵士，商界领袖角色的变化，《英国卫报》，www.theguardian.com/sustainable-business/sir-stuart-rose-changing-role-business-leaders.2012年3月29日。

观和品质特征的同时，尤为强调了实践改革的重要性。倾听顾客的反馈，快速做出反应。实现企业真正的品牌价值，但不要骄傲，不要拘泥于之前做事的方式。如果没有做到这些，可能日后就会遭到淘汰。[1]例如，罗斯大胆地提出重视环境的可持续性以及对产品采购开展道德审查。他提出的“查看标签背后”这一营销战略极为关注玛莎百货所采用的生产及采购方式的道德与环境方面的问题。他倡导新的举措，例如回收塑料瓶、减少使用塑料袋，这些举措在他离开公司后也一直沿用了下去。尽管在全球经济衰退期间，公司的股价下跌了18%，[2]但他认为无论是迫于盈利目的还是道德方面的原因，公司都有责任采取这些举措。现如今，对于玛莎百货公司而言，这些有关名誉和可持续性的指标比获得最高的季度收益或成为世界上最大的零售商都要重要得多。

罗斯和其他的领导者并没有受到“登顶热潮”的干扰或复苏假象的诱惑。他们集聚精力设计富有说服力的、建立在道德基础之上的愿景，以此巩固公司的根基；同时积极借助玛莎百货公司最优秀的传统和曾经的美好来创造一个可持续发展的未来。公司很多方面的做法都彰显出了罗斯的身份，作为一位回归的领导者，他一回到玛莎公司，就全方位地推进此事。

在全球经济衰退的那几年里，许多英国顾客都转向下游企业，搜寻更廉价的商品。此时，玛莎百货却在努力维系和恢复其在零售行业的品牌地位。公司为核心目标努力奋斗的程度决定了成功机会的大小以及是否可以实现可持续性发展——即像巴宝莉风衣一样，在传承经典的同时，也迎合一代代消费者的品位与偏好。

---

❶ 源自与斯图尔特·罗斯爵士的一次访谈，发表于《行销社会篇》，www.marketingsociety.co.uk/the-library/interview-sir-stuart-rose. 2013年1月。

❷ 斯图尔特·罗斯，在举步维艰的经济大环境下保持环保意识，《哈佛商业评论之绿色哈佛商业评论》，

www.hbrgreen.org/2008/03/the_hard_economics_of_green.html. 2008年3月4日。

即便在业绩不佳的组织中，摒弃现有领导者所坚持的一切信念这种做法也并不可取——或甚至是不必要的。在《无痛变革》（Change Without Pain）一书中，作者埃里克·亚伯拉罕森（Eric Abrahamson）强烈反对抹杀过去、创造未来这种改革倾向。[1]他说，这会引发事态的严重恶化、增加员工的职业倦怠感、失去集体的智慧和记忆。相反，亚伯拉罕森提出，通常情况下最好的做法就是重新整合现有能力——以一种新颖的、更有效率的方式“重用、重新部署以及重组”人员和团队。[2]我们分析了许多高绩效组织，发现它们的前任领导者都曾为建立提升性领导力付出过努力。这些人曾经风靡一时，深入地了解组织及其文化，为组织的成长提供了各种机会。

哈克尼区的许多校长都曾经努力从校外引进学校领导，在遭遇失败后，都开始精心栽培校内员工。斯科特巴德不仅替换了部分高管，还尤为仰仗于那些能够清晰界定公司文化和客户关系的员工。在新加坡和加拿大，像艾德里安·林这样的领导者通常都是从学校调到政府部门，然后再调回学校，所以他们更了解自己所领导的组织的内部情况。

一所建在沙滩上的房子不会长久屹立不倒，同样，没有坚实基础的组织也很少有机会能够持续发展下去。没有人能创造出莫须有的事物。我们所有人都是站在前人的肩膀上，他们在我们之前就付出了巨大的努力。承认前人所做的一切，为我们的接班人创建平台，以便获得更大的成就，这是在我们绝大多数人离开很久以后，组织还能保持高绩效的唯一办法。

### （2）可持续性增长

可持续性成功的另一个要素则涉及组织的成长速度。除了在危

---

❶ E.Abrahamson, Change Without Pain: How Managers Can Overcome Initiative Overload, Organizational Chaos, and Employee Burnout, Boston: Harvard Business Press,2004,23.

❷ 亚伯拉罕森，第10页。

机关头做出必要而迅速的行动之外，提升性组织和他们的领导者绝不会去尝试快速扩张或快速缩减业务，任何行动都需要经过深思熟虑，且建立在渐进式发展基础之上；它们体现了实际的增长速度，人们对此谨慎小心，以防范因为当前改革或扩张速度过快，或因为过度投资，过分依赖外来的和尚，或让员工陷入倦怠期，而危及公司的未来。

在我们的研究中，有两家公司领悟了可持续性增长的基本规律，它们是角鲨头工艺啤酒公司和Shoebuy.com公司最近刚成立的新事业部。用副总裁玛利亚·卡拉卓尼（Mariah Calagione）的话来说，20世纪90年代啤酒厂的常规做法是：在安全方面投资大约500万元左右，创建一个极为华丽的、完美的铜制系统，如同啤酒厂的一扇立体窗。她说："但结果却是，绝大多数啤酒厂都没能存活下来。"当年角鲨头啤酒厂就是这么做的，她说："正是因为无法支付这笔费用，所以我们相继放弃了这种做法。"角鲨头啤酒厂的创始人萨姆·卡拉卓尼不想"以创新为目的去生产劣质乳制品和灌装设备，他会为此事而感到羞愧。创新意味着用有限的资源做好每一件事情，从而成功地创造新事物。"角鲨头缓慢地发展起来，且增长的速度在其可控的范围之内。这就是为什么该公司直到现在都拒绝出口产品到加拿大和海外——公司不会为了寻求发展而牺牲产品质量。

Shoebuy.com也出现过类似的情况。该公司成立之初正值互联网泡沫破灭之时，公司能够得以存活下来的其中一个原因就是它并未从一开始就运用风险投资手段。许多公司都在互联网泡沫形成期间从风险投资家那里轻松地筹集到了一大笔钱，这些风险投资家希望在互联网时代到来之际，从中获得巨额利润。不过绝大多数的投资者都只关注短期收益和快速增长率，以股票上市的盈利前景为直接的发展导向，因此他们在投资的同时，也会附加上各种各样的条件。Shoebuy

下意识地选择了一种更为谨慎的做法，因为它想要坚持公司自己设定的目标，控制自身的增长速度。Shoebuy的领导者知道他们想要以一种积极果断的方式发展公司业务，但需要确保该业务能够获得持久性成功。创业初期没有获得风险投资就意味着公司最初的运营资本不多，不过，这也得以让他们能够掌控公司的核心业务和发展方向。

据我们所知，所有的学校和学校系统提高学业成绩分数的方式都不是通过"应试教育"或只关注那些接近及格分数的学生，而是坚持不懈、持之以恒地真正改善教与学。其结果显示几乎每一年考生的成绩都在平稳提升，但不会立竿见影地出现奇迹般效果。

### （3）实现短期收益和长期收益

解释可持续性成功的第三个要素是这些组织拥有同时获得短期收益和长期持久性成功的能力。在对1000多家公司近40年的财务数据展开调查的过程中，企业顾问多米尼克·多德和肯·法瓦罗（Dominic Dodd &Ken Favaro）发现"股票市场似乎并不看重企业创造持续性营业收入的能力。"[1]他们发现，的确从长远来看，只有极少数的执行者能做到这一点。持续性成功不会把短期的激进式目标、季度收益率以及形势的瞬时好转看得太重。本书作者的研究结论表明，能从市场上获得回报的公司在实现短期收益和长期经济效益方面都表现得更为不俗，且更能把握现在，顺应未来。[2]

作为哈佛商学院的前任教授，同时也是领导力和变革系列商业畅销书的作者，约翰·科特（John Kotter）借鉴了社会心理学家卡尔·韦克（Karl Weick）有关"积小赢为大胜"或"快速胜出"价

---

❶ D.Dodd and K.Favaro, The Three Tensions: Winning the Struggle to Perform Without Compromise, San Francisco:Wiley,2007,75.

❷ 同上，77页。

值观的原创思想。科特强调短期内明显的改善可以增强人们的信心，提升信誉度，但这种改善只有“取得了骄人的成绩，才能为企业转型提供有力的支撑”。[1]通常而言，短期的变革难以做到这一点，因为他们的速赢策略背离了他们应该追求的长期目标。为了确保可持续性发展，团队成员不仅要知晓长期和短期之间的关联，还要策略性地将它们融为一体，这一点是至关重要的。伦敦的哈克尼区将此概括为两句话：“查找和修复”以及“预测和预防”。

哈克尼区的副区长特里西娅·奥克鲁瓦（Tricia Okoruwa）和她的顾问团队被学校提出的诸多要求压得喘不过气来。如果接连几所学校没有通过区里的检查，那么该团队就要为处理学校的事务忙得团团转，只求下一次它们能勉强通过审查。奥克鲁瓦意识到这种做法是难以持久的，因为他们只能事后给予这些学校适当的帮助和支援。因此奥克鲁瓦将这种帮助标记为两种方式：“查找和修复”以及“预测和预防”。“查找和修复”策略用来解决短期问题，例如一所学校里三年级学生在某方面的弱项，或另一所学校六年级学生的写作问题等。我们派出指导员前往这些学校，解决相类似的具体问题，让他们看到立竿见影的效果。“预测和预防”是一种长期策略，其中包括在早期就投入巨资，不让孩子们掉队。在孩子们11岁参加国家统考时，这些举措起到了意想不到的效果。这让哈克尼区同时解决了长期和短期问题。

短期内实现“速赢”是极为重要的，但如果背离了终极目标和核心目标，那就毫无意义了。澳大利亚板球队投资兴建了国家卓越中心（National Center for Excellence），并为此占用了本该核心球员才能使用的资源，旨在让孩子们从小就培养一种争当未来国家队队长和领导者的意识。菲亚特减少了一半以上的汽车生产计划，同时还集中

---

[1] J.Kotter, Leading Change, Cambridge, MA: Harvard Business School Press,1996,122-124.

全公司的力量，确保产品质量和客户的人身安全。尽管角鲨头啤酒公司不会与其最大的竞争对手殊死相搏，但公司仍希望发展壮大到足以影响饮酒人士对优质啤酒本质的认识。尽管Shoebuy.com强调“度”的概念，但公司开发的网络模型却也同样具有“扩展性”和可持续性。

赢得短期的胜利是至关重要的。斯科特巴德近乎倒闭的原因正是因为它忽视了商业运作的底线。正如经济学家约翰·梅纳德·凯恩斯（John Maynard Keynes）明确指出的那样：“长期来看，我们都会死亡。”[1]尽管目前来看，这些指标和业绩并不能代表一切，但为了企业的客户、家人和未来的球迷，它们需要与企业、球队、教育机构所追求的梦想和愿景保持一致。这就是所谓的可持续性变革。

## 4. 结论

提高人们的素质并不意味着彻底改变他们，这取决于基础是否牢固，这就是提升性领导力的悖论所在。如果根基不稳固，你们就无法相互扶持，共同提升。可持续性成功需要一个坚实的基础，一种易于控制的发展速度以及一种能力和意愿，以确保即时性行动能够带来长期的绩效回报。1987年，世界环境与发展委员会发表的《布伦特兰报告》中，将可持续发展的本质界定为：一种“既满足当代人的需求，又不对后代人满足其需求的能力造成影响的能力”。[2]

这就是提升的最终目的——即便在你离任很久以后，.也能让你的接班人继续延续企业的生命力，同时让你在任职期间表现得更为出色，为你的员工和客户谋求福利。这需要采取一些行动——在本书的最后一章我们就来阐述这一问题。

---

[1] J.M.Keynes, A Tract on Monetary Reform, London: Macmillan,1923,80.

[2] 1987年世界环境与发展委员会向联合国大会提交的研究报告《我们共同的未来》。

# 第七章

# 提升性行动

如果船长只想保住他的船，那这艘船就永远也出不了港。

——圣托马斯·阿奎那（Saint Thomas Aquinas）

## 1. 寻求提升

初创企业如何才能获得成功？又该如何延续成功？组织如何从失败的谷底走出来，或把自己从绝望的边缘拉回来，然后不断地扭转局面？如果单单在一到两所学校做试点，那就很难保证其他学校的利益，（可不这样做）又如何实现教育成果在整个系统和社会的转化？面对异常严峻的形势，或持有的运营资金与同行业者相比少之又少时，领导者又该怎么做？

我们深入调研了8个国家中横跨3个领域的15个组织，从中发现：（这些组织的）领导者会激励他们的组织和团队不断探索，不断提升他们的绩效，提高员工及自身的能力，以此应对各种挑战。

我们发现提升性领导力最初就明确提出并勾勒了一个真实但却未

必可能实现的目标或梦想。它会营造一种紧张气氛，激发人们向上拼搏；它能让人在展望未来的同时溯本求源，以此提醒人们自己是谁以及对所做事情的真实感受。追求这个梦想也需要坚定而不懈的努力，不惧任何障碍和挑战。

此外，提升性领导力还会剑走偏锋，选择一条其他人都会忽视甚至是规避的路径，或低调行事，或掀起一阵暴风骤雨。它逆行而上，以反对力量和阻力为动力，勇攀高峰；它利用竞争激发集体合作的动力，并强化这种合作力量。

整个过程中，提升性领导力都在牵引着、推动着人们一路前行。信任和团队合作有利于人们朝着目标方向齐头并进，同时建立彼此的合作关系。充满活力的团队也相互激励对方，像同行业者们一样彼此友好竞争，共同承担集体责任，他们不断超越彼此，旨在达到更高的业绩，实现更高的目标。

提升性领导力借助导航工具，指引着员工沿着正确的方向前进，这样既能兼顾眼前的迫切需要，还能关注到长远目标。通过记录他们进展的情况，以及标注与目标的差距，来激励人们不断进取。

最后，提升性领导力的飞跃需要坚实的基础和稳固的平台；需要采用和利用可行的商业模式、有效的组织结构、高度信任的关系以及有效的领导传承机制；需要保持可持续性，避免超出能力的限制范围，杜绝资源的浪费，不做与核心目标毫无关联的事，不让人感到身心疲惫。

实现这其中的每一项要素都需要领导者有效控制内在的压力。提升性领导力是一种刚柔并济之道，需要激励，也需要顽强的毅力；这其中体现了有趣的创意，但也需要直面各种质疑；既需要竞争，又需要合作；同时也需要引导和带动人们不断前进。它帮助人们在短期内获得成功，也确保了长期的可持续性。

这就是提升性领导力的本质所在——提升每个人的层次，提高他们的业绩。不过实现提升还需要领导者具备某种品格，即为了实现彼此共同的目标，他们不会莫名的兴奋，也不会恣意妄为、随心所欲。

## 2. 情绪高昂，但避免过犹不及

提升性领导力，就如同所有的领导力一样，需要从自我做起。曼纽尔·凯茨·德·弗里斯（Manuel Kets de Vries）在《沙发上的组织》（The Leader on the Couch）一书中最早对“领导力的精神”进行了分析，他指出：“如果我们想要尝试新事物，首先我们自己就要与众不同。”[1]如果你不能严于律己，那么很可能你也无法对其他任何人提出要求。德·弗里斯（De Vries）绘声绘色地描述了许多领导者的外在表现，读起来就像看到了鲍勃·迪伦（Bob Dylan）演唱的歌曲《荒芜街区》中的一个个人物——孤芳自赏、控制欲极强、忧郁、极富戏剧性且偏执的领导者。[2]他们之中有一种领导类型可能很容易与提升性领导力相混淆——即有些情绪化，轻度狂躁的魅力型领导者。

近一个世纪前，德国的社会学家马克思·韦伯（Max Weber）首次提出了魅力型权威概念。韦伯解释为一种权威，像是一个政府部门，但不依赖于烦琐的官僚体制；像是一个部落或一个教堂，但不依循传统和固有习惯。它是某些人所拥有的特殊才能，能让其他人誓死相随。[3]希腊人称之为“神权”。洞察力、精力、个人魅力、吸引力、

---

❶ M.Kets de Vries, The Leader on the Couch: A Clinical Approach to Changing People and Organizations, San Francisco:Wiley,2006,17.

❷ 迪伦演唱的一首歌《荒芜街区》，1965年收录于他的专辑《公路61号重访之旅》之中。

❸ 马克斯·韦伯描述了权力的三种模式——超凡权力、传统权力和法定权力——即理性的、官僚主义的或法律规定的权力。参见M.Weber, The Three Types of Legitimate Authority, Berkeley Publications in Society and Institutions 1958, 1(4):1-11. 由汉斯·格特翻译。

乐观主义、自信、果敢、引人注目、热情——通常而言，人们更愿意接近拥有这些品质的领导者。

当然，这种特殊的领导类型可能会带来一种积极的影响，也可能会造成消极的影响，这完全取决于追求的目的是什么。比尔·克林顿（Bill Clinton）和托尼·布莱尔（Tony Blair）正是魅力型领导者的典型代表，阿道夫·希特勒（Adolf Hitler纳粹领袖）和伊娃·裴隆（Eva Perón）也是如此。但即便意图是好的，结果也值得争取，魅力型领导也还是过于乐观了。热血沸腾很容易被误以为是一种成功，它会把激励文化转变成一种盲目崇拜——导致错觉和灾难性后果。有时，极富冒险精神的首席执行官会启动大规模并购，但最终会导致公司破产。富有远大抱负的教育改革者们极可能摧毁他们的系统和员工，最后只剩下一个又一个未完成的计划。在球员表现欠佳，输掉了每一场比赛之后，目空一切的体育教练甚至还会固执地坚称球队的气氛很融洽，每场比赛都值得肯定。

领导力发展专家曼纽尔·凯茨·德·弗里斯（Manuel Kets de Vries）认为，这样的领导者很可能是精神病患者。他描写的变态人格的领导者像极了2013年播映的电影《华尔街之狼》中刻画的真实人物乔丹·贝尔福特（Jordan Belfort）。贝尔福特的事业达到了巅峰，但这也误了他一生。他表现得“全然不管其他人”，最终因欺诈而坐牢。[1]德·弗里斯认为，对于变态人格的领导者而言，获得胜利是他们唯一关心的事情——这是他们的“印象管理”策略，帮助他们取得成功，但这样也会严重干扰到组织和其他人的工作。

提升性领导力不仅仅意味着积极主动或自信。提升性领导者不是

[1] 本段落中所引用的部分及其他所有引文均引自曼纽尔·凯茨·德·弗里斯的言论，请参见：blogs.hbr.org/2014/01/is-your-boss-a-psychopath/. 2014年1月7日。

为了自身的利益才“向上求索”，他们不会太情绪化，更不会妄自尊大。他们不认为事物总有积极的一面，用德·弗里斯的话来说，他们“愿意为了保持亲密的关系而掩盖事实的真相”。❶

在《解毒剂：无法忍受积极思维的人如何获得幸福》(The Antidote：Happiness For People Who Can't Stand Positive Thinking)一书中，奥利弗·布克曼(Oliver Burkeman)提醒人们应该表达积极向上的想法、提升自信、清楚地描述最佳方案，且不要刻意地为了取悦自己或他人，而采用肤浅的、啦啦队式的激励方式。❷布克曼认为，通常而言，努力让自己快乐，却未必真的快乐——就如同想要成为冠军，却未必能得到冠军。布克曼解释说：颇为自相矛盾的是，如果我们认真考量并确认我们可以忍受最糟糕的情况，那么我们就会变得快乐起来。的确，最终情况如果比我们预期的更好些，我们就会感到欣喜若狂。据布克曼所说，幸福和成功取决于人们是否具备坚韧的毅力、奉献精神，是否能承受压力——或能否静下心来冥想和沉思——同样也取决于能否乐观地表达积极向上的思想。

因此，提升性领导力并不等同于感召型领导——为了实现每个人都可以接受的崇高目标，他们需要发表激动人心的演讲和带着热情去走访。提升性领导力也不同于变革型领导，它凭借鼓舞人心的愿景、目标方向和自身能力，将人们愉快地团结在一起，共同向极具激励性和吸引力的目标发起挑战。如果领导力单单寄希望于借助明确的、自主性强的、令人兴奋且相对有趣的工作来调动人们的情绪，那么它极有可能在人们追求卓越的同时，也给人们带来灭顶之灾，导致和旅鼠一样的下场。

❶ 凯茨·德·弗里斯，141页.

❷ O.Burkeman, The Antidote: Happiness for People Who Can't Stand Positive Thinking, New York: Faber and Faber,2012.

提升性领导者与感召型领导者和变革型领导者一样，都有其积极乐观的一面，但也包含其他方面的特质，甚至包含与之截然相反的特质，这在某种程度上增强了人们的凝聚力。提升性领导者知道如何将梦想付诸行动。他们的成长既得益于良好的人际关系，也力求得到一个圆满的结果。他们知道如果不付出辛劳、汗水，没有坚韧不屈的品质，那么即便有再好的想法也是无法实现的。如果想要创新行之有效，就必须遵守规则，但只遵守规则却会丧失掉组织的灵魂，所以同样也需要创意与愉悦感。21世纪必备的一些“软技能”，如风险承担、创造性等，相当于20世纪50年代所需具备的诚实、正直、朴素、努力工作等美德。积极的心态和醇熟的技术能让你在站稳脚跟的同时，高昂着头（直面各种挑战）。

无论是普通大众还是杰出人士，提升性领导者都要对这些曾为组织打下坚实基础的无名前辈予以肯定。他们构建了平台，在彰显领导才能，发挥领导作用的同时，提升了其他人的能力。事实上，执行力最高的管理者，如角鲨头工艺啤酒公司的萨姆和玛利娅·卡拉卓尼，他们最有可能放弃自己的某些权力，为其他人创造自行决策，品尝丰硕成果的机会。

## 3. 稳扎稳打

那么你的团队或组织如何才能实现飞跃？每个人从哪里做起？用圣雄甘地（Mahatma Gandhi）的话来说：“欲变世界，先变其身”——也就是说，改变，从自我做起。[1]为了让你和你周围的人表现得更为出色，本书最后一章将深入解读提升性领导力六大要素

[1] 摘自 www.dailygood.org/story/466/gandhi-s-10-rules-for-changing-the-world-henrik-edberg/.

的实践意义。

### （1）实现梦想的决心

敢于梦想。首先第一步就是开拓和清晰地阐明一个大家都渴望实现的梦想，不能把它简化成一个数字、一个排名或一次使命宣言。在你确定想要实现的目标之前，你需要问自己："你想成为什么样的人？"随后在特定的情境下，依循世界观，振作精神去实现你的远大梦想。或许你可以通过提供健康和食物，或向工薪阶层以及在校的少数民族儿童提供同等机会来改变人与人之间的关系；或许你希望发展女性、土著居民或残疾人体育运动，提升他们的社会地位。

成功并不受现有能力的制约。在前进的道路上，你会不断成长，不断进步——但为此，首先就要激发你的梦想。即便你没有实现自己设定的远大目标，结果也很有可能远超你的预期，实现曾经看似遥不可及的梦想。但一定要区分"完全不可能"和"一般不可能"两个概念。追逐一个远大的，但并非虚幻而荒诞的梦想。模仿成功人士的做法，用他们的事迹鼓舞自己。不过请记住你是独一无二的，你要走的路与他人不同。你不必从其他人的模式或战略中套用或借用目标，每个团队都有它特定的目标。

放飞梦想。提升性领导力要求每个人及其身边的人都能讲述一些不同寻常的励志故事，其中包括某些人的身世传说、战胜种种困难的传奇故事、向那些赋予人们灵感并为事业前途铺平道路的前辈表达谢意，以及努力实现未来理想的训诫之词。这些故事会让人们回忆起曾经的光辉岁月，并提醒他们：大家共同经历过的事情、已经取得的成就，以及还有哪些事情要做。同时，为人们提供机会，分享各自对变革的种种体会；向人们展现优良传统与远大抱负相结合的经典理念；

庆祝成功的同时继续大步前行；不断地鼓励下属员工；在日常生活和工作汇报中加强与下属员工之间的互动交流。每次会议之前都要对一些人最近取得的业绩表示肯定，并提醒每个人知晓这些业绩在实现梦想过程中所发挥的作用——但不要每次都只称赞同一批人。在通往成功的路上，时刻记得当年取得辉煌的销售业绩或实现生产目标时的情境。当你绕着公司大楼散步，留意到员工们正在为了实现梦想而努力做事时，你只需说一句话或一个词，如“看，所有人都能获得成功”或“这是实现目标的一个重要环节”。

无所畏惧，也有所敬畏。提升性领导者知道恐惧会让人寸步难行，也会让人变得更加优秀。即便一切看似无望，也要尽力而为，这比什么都不做要强得多。当然，付出了努力，最终却以失败而告终的可能性总是有的——但用富有传奇色彩的冰球明星韦恩·格雷茨基（Wayne Gretzky）的话来说：“不去尝试，才会100%的失败。”[1] 承认自己的恐惧——但不要四处扩散，危言耸听。你可以与导师、教练、同伴和朋友共同探讨这个问题，但切记不要在所有团队成员面前自怜自悯，自我怀疑。按照鲁德亚德·吉卜林（Rudyard Kipling）提出的观点来说：“假如你能在别人不知所措，却还要对你横加指责的时候，保持清醒的头脑”，那么你就可以带领自己和他人勇往直前，步步高升。[2]

为正义而战。任何提升都少不得争斗，有时你不得不对抗竞争者或对手。不过更重要的是，这是一个最值得奋斗的、更为崇高的目标。当目睹了不公正的事情时，你可以为此感到义愤填膺，但绝不可

[1] 这段引文出自韦恩·格雷茨基的一句名言，尤其是在冰球球迷中知晓度颇高。其出自1983年1月16日，《冰球新闻》杂志的编辑鲍勃·麦肯齐与韦恩·格雷茨基的一次访谈记录。

[2] 摘自 www.kipling.org.uk/poems_if.htm.

太过分。前事不忘后事之师，同时施以加倍努力。理查德·波西格（Richard Pirsig）在他的经典著作《禅与摩托车修理技术》（Zen and the Art of Motor Cycle Maintenance）一书中，对此作了精彩阐述。[1]在设法修理摩托车时，螺钉却找不到了，不要把这件小事看成是一种干扰，它只不过是延长了修理时间而已。麻烦事只是领导力的一部分，但并不算作一种干扰。有意识地克服焦虑，采取积极的行动；知道自己害怕什么，才能更有效地激励自己；一定要明白，前进的道路是曲折坎坷的，绝大多数人要终其一生才能获得成功；不要承诺或期待很快获得成功。当你感到疲惫时，深呼吸，冷静下来，不要忘记自己的目标、梦想，以及所有人的未来，让它重新激发你的斗志。

感知他人的恐惧。倾听和理解周围人所担心的事情：害怕失败、害怕变革、害怕失去工作和生计。不要与更糟糕的情况作对比，这种做法无法消除或降低焦虑感。面对困难时，我们并不真的需要提醒自己：总有人比你的状况更糟糕。在意识到事态严重性的同时，也尽可能积极地探索前进的道路。出现危机时——一场飓风、一次爆炸、一次金融危机，或是一个摆在面前的难题，首先要为它们辩护，说出对它们的看法。当灾难发生时，提升性领导力的当务之急就是体现出政治家的风度，对人们的困惑或疾苦表示关心，感同身受。

### （2）创造力与逆流

策略制胜。战略上，出其不意反而会让对手不知所措。阿雷奎恩·托夫特（Arreguin Toft）在著作《弱者如何赢得战争》（How Weak Armies Win Wars）一书中援引了毛泽东主席关于游击战的

---

[1] R.M.Pirsig, Zen and the Art of Motorcycle Maintenance: An Inquiry into Values, New York: William Morrow,1974.

观点："选择声东击西策略，避实击虚。敌进我退、敌驻我扰、敌疲我打、敌退我追。"[1]换句话说，想要达到最佳效果，就要反其道而行之。想要战胜一个更为强大的对手，就要试着智取和采用迂回战术。正确评价那些反对你的人。迎着扑面而来的风，让风赐予你更大的力量。

为自己制造惊喜。生活中最有可能被忽视的情绪之一就是惊喜。各种令人不快的消息都会让我们心烦意乱，但惊喜会让人们有意想不到的发现，也会给人们带来快乐，它们激发了人们的好奇心，让所有人都领悟到了提升的意义所在。所以就要发挥你的想象力，尝试做些不同的事情。积累了多年的成功经验，是时候改变下游戏格局了，这种做法似乎有些有悖常理。与渐进式提升相比，或许你更愿意通过参与一个创新性项目来提升自己。

对于出现的各种分歧和阻力，给予积极的关注。在变革之初，就邀请那些对你持有怀疑态度的人加入团队。他们会毫不客气地举证变革失败的种种原因——从中吸取经验，从而避免日后发生类似的问题。这也是一次机会，他们会与你共同进退——通过自己的人脉关系分享这些目标，而这些人脉是你不曾接触到的或不太信任你的。意识到分歧的存在也是产生创造力的关键，但要泰然处之。鼓励人们开展实践活动；与他人共享发展机遇，激励创新，促进自主性创造；充分挖掘员工的潜能；不要让周围的人成为复制品。当你面对一个看似不可逾越，但却不可避免的问题时，利用组织中所有人的智慧去识别和应对潜在风险。

反复试错。不要像阿波罗13号登月那样，因一个错误的抉择而导致任务失败，同时，也不要让诸多失败演变成灾难。尽管没有实现创

---

[1] 阿雷奎恩·托夫特，104页。

新，但也没犯什么错误，员工可以不受试验次数的限制。反常的做法可能会孕育或带来一次创新，但需要限制创新成果适用的范围。在进入季后赛的决赛之前、准备下重注之前，或推广到整个系统之前，先在小范围的几个客户身上，或一个学校的一到两个班级中，或一场风险较低的比赛中尝试创新。创造力的本质就在于反复试错。但为了避免偏离目标太远，你必须通过实时数据和指标查找错误。创新必须符合实际情况。这样你就可以快速地从失败中吸取教训，持续不断地改进。

### （3）竞争与合作

放弃最佳方案。这样做有助于不断发明新技术。保护自己的知识产权，但不必强烈地想要占有它，因为它对其他人而言，并无多大意义。当你在工作中占据优势时，也请随后与你的竞争对手分享经验。为你的竞争对手提供培训；和你的竞争对手共进午餐；像对待自己的孩子一样，帮助别人的孩子。我们鼓励竞争，竞争迫使我们尽最大努力，充分展现自我。大公无私意味着不仅仅要考虑个人利益，如果能做到这一点，你就会变得更加强大。

鼓励竞争对手。在你的竞争对手身上投入精力，在他们失败时拉他们一把。鼓励其他人伸出援手，从而提高每个人的业绩水平——也包括你的——通过拓展市场、提升技能素质或提高整个团队的学习水平等方式。

尊重你的对手。相信你的竞争对手，肯定他们取得的成绩。享受你的胜利果实，但绝不要想着彻底打败竞争对手。如果彻底打破了竞争机制，最终也会限制自身的发展。友好而激烈的竞争反而会提高每个人的业绩。垄断不仅会滋生怨恨，也会助长自满情绪。

坚持标准。清晰地知晓你的竞争对手是如何开展工作的。我们的目标是从他们身上学到经验，而不是超越他们。我们要以此打破自己之前的最好成绩，而不是贬低他人或抹掉别人的功绩。不要单纯模仿，而是要迎合当前的发展状况，更新我们所学到的知识；借鉴众多竞争对手的做法，而不只是从某一个竞争对手身上学习经验；接受挑战，设计出最佳的解决方案；派员工到海外进修，同时不断地邀请其他系统的人员来考察参观，这种做法并不是为了找出内部的解决方案，而是为了营造学习氛围，保持学习的连贯性。

在更高的层面上达成共识。为了共有利益和更大的收益，寻找机会与你的竞争对手合作。即便你与对手在某一领域存在竞争关系，也不妨碍你们在其他领域展开合作。在意识到大家的共同努力可以获得更大的收益时，（与对手）开展合作，并建立联盟关系。主动出击，接近你的竞争对手，不要等着竞争对手向你发出合作的倡议。

### （4）牵引力和推动力

了解你的员工。与关心自己的利益相比，你要更多地为员工谋取福利。我们很容易就能看清楚许多事物的表面，但却看不清一些事情的本质。尽可能地拉近与更多人的关系——但不要因过度关注而让人感到压抑。知道每个人的名字，了解他们生活的方方面面。离开办公室，与其他人交流面谈。花时间与一线工人、清洁员和你的客户交往，他们能让你再清晰不过地感受到你目前的状况，并且会拼命地提醒你每个人为最终的成果所做出的贡献。到流水线上去，到课堂上去，到休息室去。到处去走走，这是你的员工工作的地方。这样你才能知道他们做了什么，他们的工作生活是怎样的。不需要任何借口，替某些人代工一天，按照他们的思维方式做事，感谢他们做出的贡献。

发挥团队的潜能。对一些团队和他们的领导者最初进展缓慢或不太顺利的状况表示理解。如果和员工们待久了，你就会知道谁更优秀，即便这些人目前并没有做出什么业绩。如果一些值得信赖的员工在自己的工作岗位上一直表现欠佳，那么你就要承担起帮助他们的责任。在考虑撤换他们之前，先尝试人员重组或重新调配，但不要受情绪干扰。了解并承认自己的弱点，大家一起合作就能弥补这些弱点。帮助人们进一步了解彼此。在体育比赛中，可以试着调整球员的位置；在企业中，可以试着参与不同部门的工作；在教书育人过程中，可以试着调到其他班级、年级或学校。我们鼓励大家相互交流，互换彼此的角色和职位。你们会从中学到更多的东西，带动彼此共同进步。

建立信任关系。如果肯花一定的时间来建立信任关系，那么最终就会受益良多。与质疑那些信任你的人相比起来，信任那些曾经和你对着干的人，并非易事。彼此信任，也要彼此设防。一定要明白，信任关系的建立需要彼此接触，时间可以证明一切。一旦你们建立了信任关系，你就可以加快发展的步伐了。

脚踏实地。事实证明，没有什么是你做不到的，其他人也同样知道，没有什么是他们做不到的。时刻不忘溯本求源，同时也要随时提醒其他人不忘初心。提升性领导者不会受角色定位和职位的制约，他们会卷起袖子，深入挖掘事物的本质。不要过分提拔精英人士，但也不要忽视他们。精英团队里的成员个个激情澎湃、经验丰富，他们愿意在那些既不受最佳成员的表现所左右，又能“欣然接纳自己”的领导者手下做事。[1]

避免派系之争，组建精英团队。行踪诡秘只会引起他人的怀疑。不要为了留住那些在公司聚会上表现活跃的人，而裁掉一些保持缄默

---

❶ A.Boynton and B.Fisher, B., Virtuoso Teams: Lessons from Teams That Changed Their World, New York: Prentice Hall,2005.

的人。随时洞察下属之间的内部争斗。绝不能徇私枉法，也不能因裙带关系，影响你的任何决策。提高团队成员的忠诚度，不要为此而影响大局或威胁到组织的工作。

反弱为强。在适当的时候表现出由衷的谦逊，并勇于承认自己的无知。当你承认自己不确定该怎么做的时候，人们就会为你提供诸多的意见、建议，给予你更多的支持，帮你渡过难关。不要装作自己什么都知道。揭开你的伤疤，对那些还在挣扎或遇到困难的人表示同情，并给予他们支持。不时拿自己开开玩笑，让他们和你走得更近，让他们更容易意识到自己的弱点，并积极寻求帮助。当你遇到困难时，找到好的聆听者，让他们帮助你寻找出路。

知道自己最大的优势和弱势。引导你的精英骨干去训练新进员工。记住，所有的参与者都有其自身的价值，需要予以重视。即便是不名一文的拥护者，也会成为最重要的志愿者，彼此相互带动，共同提升。

不失尊严地艰难对峙。保有尊严是生命中最重要的事情之一。如果对于某些人而言，竭力推动改革过于艰难，或已超出了他们的承诺和能力范围，那么请允许员工有尊严地离开，感谢他们曾做过的一切。切记不可破釜沉舟或心怀不满。采取行动，继续前进。在事情还未有所发展和扩散之前，切记不要疏忽大意或轻举妄动。当为了个人或集体利益，彼此间在保有尊严的前提下进行艰难对话时，人们的忠诚度就会大幅度提升。即便他们离开了，也会保有对你和他们自己的一份尊重。

### （5）有效评估

评估价值——不仅仅侧重于能评估的几个方面。将实现目标的过程划分成几个中间步骤。不要盲目追求那些对你而言毫无意义或你并不看重的目标。不要对那么看似无用的指标抱有天真的想法或对此不屑一顾，否则会成为它们的牺牲品。事实上，如果想要真正地提高绩效，那么绝大多数指标都应该与此密切相关。驾驭数据，而不是被数据牵着鼻子走。利用各项指标和监控系统来帮助你深入了解客户、球员或学生，但不要让他们成为这些关系的替代品。

分享目标。分享目标，共同设计关键性能指标（KPI）；确保这些指标与每个人息息相关——也包括你自己；要求员工找到衡量自己贡献价值的方式，并让他们参与到绩效考评中来。

透明公开。信赖实证分析；不要让错误的或虚假的统计数据蒙蔽事物的本质；在应对消极观点或评判事物时，总能拿出自己的数据或证据；坦诚以待，要知道愚弄自己并没有任何实际意义；让客户、父母和球迷看到你成功的一面，也暴露你脆弱的一面，他们会帮助你重新回到正轨。

理智地阐释证据。进步很少是一帆风顺的、持续性的，所以应该可以预料到结果是未知的；不要因为某个阶段性成果不如意或进展不顺利而感到沮丧，相反，要放眼于长期前景；也不要过早地宣告胜利——这可能只是一个假象；如果最终幡然醒悟了，也不要过分追究责任，以免出现牛鞭效应或寻找替罪羊现象；承担自己的那份责任，甚至有时要承担得更多一些。

利用数据开展实证研究，并不断地加以改进和检验。采用平衡计分卡方法；谨慎地选择不同类型的定性和定量方法；不要让自己因受某种底线的诱惑而陷入危险境地；培养这样一种观念，即放弃一个宏伟的目标要好过实现一个保守的目标；即便经过最后一搏也没能实现远大的目标，也要对这期间所取得的进步予以肯定；定期检查进展情况和考核绩效；聚焦问题——如用黄色或红色标记绩效情况——你不会为此感到沮丧，你会从中知晓自己获得成功的原因；重点关注那些红色和黄色的标记，但也一定不要忘记那些绿色标记。

设计有意义的指标。采用业界公认的测评方式进行自我评估；不要淹没在自己的数据当中；不要花费太多的时间进行数据分析，而是要把时间多花在核心目标上，把这些数据分析交给方法来解决；根据接下来的打算或期望值设定目标——不要总想着要战胜谁或你的长远规划；在完成目标时，一定不要忽视问题的关键。

### （6）可持续性成功

种植“家庭树”。基于前人打下的坚实基础发展未来。感谢你的前任所做过的一切，让你的继承者即便在你离任之后也能继续拓展更多的业务。不要动摇组织的根基，或关闭你正在经营的分公司。要像加利福尼亚的巨型红杉树一样，大片树根紧密相连，形成一个巨大而神秘的支撑网络，让其他树木得以茁壮成长，枝繁叶茂。始终记得，激发人斗志的领导者绝不可能无师自通，是前人的努力成就了现在的你。

感恩自己所拥有的一切。在禁不住诱惑，想要用新的扫把扫清万事万物之前，先停下来。通常而言，即便扫清了一切，也只会呈现假象或根本不会出现繁荣迹象。不要单单引进那些已经效忠于你的人来弥补组织中职位的空缺，这种做法只会离间组织中有着丰富的经验知识，依附于组织现有的优势和传统开展工作的员工。当你对员工欠缺某方面能力深感惋惜之时，首先要搞清楚他们已经具备了哪些能力。要尽自己最大的努力，以更有效的方式将创意与员工的能力、忠诚度融为一体。

可持续性增长。实施长期投资，因为有效团队和新任领导者均需要数年时间才能成长起来。真实的成长是残酷的，也是稳定和可持续性的，如同竹子一般，种植三五年之后，就会突然发力，从地面冒出头来，并以惊人的速度生长。通常来说，前期出现的繁荣景象可能是人为捏造的事实或虚假现象，而后期出现的繁荣景象才能反映出投资的可持续性。在建立或恢复信任关系和自信心之后，就能发生一系列可喜的变化，但这些事情本身却不会即刻发生改变。但你还是愿意让他们看到立竿见影的效果，这样才能增强他们的自信心。不过，你不必为了实现这些目标或误以为实现这些目标就能让行为和效力发生巨大变化，而做出道德层面的让步。

控制增长的速度。不要操之过急、过快，以避免身心透支。值得注意的是，勇攀高峰并不意味着要像悬崖边的旅鼠一样（牺牲自我）。肯定自己所取得的点滴进步，哪怕这种进步不足挂齿。只要你勇往直前，就一定会有提升的机会。

连接各点。一个组织或一个系统就如同一幅映像派画作或一条拼布床单一样：在整体构图中，每一笔、每一针都是至关重要的。提升性领导力的一项关键任务就是：连接各个组成部分，形成一个综合性的解决方案或一个实物。你一定要明白，且能够清楚地阐明人们过去的足迹与未来的发展之间的关系。向人们展示如何将看似简单琐碎的工作串起来，共同绘制出一幅更美好的蓝图。向人们清晰地解释，眼前每前进一小步，距离他们实现一直追逐的梦想就更近了一步。我们不仅要在偶尔几次的宣讲中表达这些观念，还要抓住每一次机会，借助无数次的交谈来阐述这些观念。无数个点绘制成一幅广阔的蓝图，从而体现出每个点的价值所在。记得马可波罗曾经说过一句话："没有石头，哪来的拱桥？"[1]

---

[1] 引自伊塔洛·卡尔维诺，看不见的城市，波士顿：霍顿·米夫林出版社，1978.

## 4. 维持高绩效

尽管提升性领导者都有着远大的梦想，但他们并非是空想家。他们小心谨慎，脚踏实地。像平常人一样，他们也有过恐惧的经历，但不会被打倒。他们知道努力拼搏的目的并不是为了竞争或自卫，而是为了实现比切身利益更有价值的目标。他们会竭力当好后方领导，不过必要时他们也会冲锋在第一线。他们提拔和激励着周围的人，同时也懂得如何放手，把技能传授给其他人。提升性领导者通常都有一种紧迫感，但他们不会为了加速扩张和加速变革，而耗尽自己和其他人的财力和精力。他们理智地运用数据和统计资料，绝不会受其干扰或被其利用。提升性领导者可以化繁为简、白手起家、转败为胜。

最终，这些提升性领导者会出现在他们的组织、系统或团队的最前线，还会出现在任意地方——教室里、储藏室里、更衣室里，或椅子上、操场上，或台前幕后。作为著名的蒙台梭利早期儿童教育法的发明者，玛利亚 · 蒙特梭利（Maria Montessori）提醒我们，一位优秀的领导者就好似一位好老师。[1]对于一位教师而言，成功最大的标志就是能够说出“孩子们正在学习，仿佛我不存在一样”这样的话来。

这就是所有提升性领导者的最终目的。当我们最终让位给继承者，完成最后的使命时，善行善事依然在继续。我们一生都在帮助其他人进步——我们的子孙后代、我们的同业者和我们的社会，这是我们留下的一笔不朽的遗产。

[1] 玛利亚 • 蒙特梭利，有吸引力的心灵。最初出版于1949年。

# 附录

## 研究方法

本书的研究基础，书中提到的案例及陈述内容都源自几项持续了7年之久的研究课题。这些课题虽涉猎范围极广，但都是围绕着高绩效问题相继展开研究的。[1]

我们首先联合了众多的研究学者，在全球范围内开展了一项大规模的研究工作，主要调研2007—2010年期间，在公共领域和私营领

---

[1]"远超预期的企业绩效"研究项目由安迪·哈格里夫斯（美国波士顿大学）和阿尔玛·哈里斯（伦敦教育学院）共同负责，英国诺丁汉：全国州议会会议，2011。研究团队成员包括：艾伦·鲍伊尔（Alan Boyle）、米歇尔·德·拉·罗萨（Michelle De La Rosa）、凯瑟琳·根特（Kathryn Ghent）、珍妮特·古德尔（Janet Goodall），亚历克斯·古恩（Alex Gurn）、洛里·麦克尤恩（Lori McEwen）。这项研究得到了英国国家学校领导学院和英国专长学校促进会的资金资助。

安大略省实施的"部分人必要，所有人受益"战略的评论工作由安迪·哈格里夫斯和亨利·布朗负责。研究团队成员包括：劳伦·查普曼（Lauren Chapman）、莫林·休斯（Maureen Hughes）、凯伦·拉姆（Karen Lam）、贝丝·摩根（Beth Morgan）、凯瑟琳·萨利斯（Kathryn Sallis）、亚当·斯坦纳（Adam Steiner）、麦特·韦尔奇（Matt Welch）、郁金·李（Yu Jin Lee）。这项工作得到加拿大安大略省教育委员会的资金资助。

OECD对芬兰学校的领导力和学校革新问题进行了评述。研究团队成员有安迪·哈格里夫斯，来自经济合作与发展组织的比阿特里斯·庞特（Beatric Pont），以及匈牙利原教育部副部长盖博·哈拉茨（Gabor Halasz）。

十年间的一场革命：完美收官。艾伦·鲍伊尔（Alan Boyle）和萨利·汉弗莱斯（Salli Humphreys）负责该项目，2012。

由安迪·哈格里夫斯和黄博智老师（Pak Tee NG，新加坡国立教育学院）对新加坡教育系统进行评述工作，新加坡国立教育学院提供资金支持。

域获得“远超预期的高绩效（PBE）”的组织。[1]来自美国和英国的研究团队共同参与了该项研究，并提出了下述三个问题：

1.不同类型的组织要想获得远超预期的成功，并且得以维持组织的发展，应该具备什么特征？

2.与其他领域相比，教育界如何展现自身在领导力和变革方面延续优势的能力？

3.对于学校和校领导意味着什么？

为了回答这些问题，研究团队进行了深入的案例研究，其中涉及众多商业、教育和体育竞技领域中表现出色的组织。在体育竞技领域，我们研究了国家级职业球队（澳大利亚板球队），地方俱乐部（伯恩利足球俱乐部和赫尔金斯敦流浪者橄榄球联赛足球俱乐部）和一个业余体育组织（基尔肯尼郡盖尔运动协会）。我们研究了各类企业，包括汽车行业（菲亚特）、全球零售业（玛莎百货）、酿酒行业（角鲨头工艺啤酒公司）、鞋类销售网站（Shoebuy.com）、经营化学品的跨国公司（斯科特·巴德跨国公司）。为了了解教育领域取得的突出成绩，我们走访了英国的一些地区（学区）、小学和中学。所有的案例都完全符合团队设定和认同的标准——绩效远超预期。在每一个组织被列入项目研究范围之前，研究团队都要仔细审核搜集到的原始数据，以杜绝任何环境或伦理问题。我们设定的标准帮我们排除掉了一些知名度颇高的备选案例。

研究团队分别与来自18个项目研究领域的领导者和一些有代表性的受访者进行了200次深度访谈，其中涉及5个商业企业、4个体育组织、9个英国教育部门，并广泛采用纪录片、情景模拟及多媒

---

[1] A.Hargreaves and A.Harris, Performance Beyond Expectations, Nottingham, England:NCSL,2011.

体方式展示案例，同时辅以半结构化访谈。所有访谈都配有录音记录，被编码化，并根据我们最初的写作要求和访谈安排来设定主题。项目团队采用个案内分析（Within-case analysis）与跨个案分析（Cross-case analysis）方法归纳出反复论证过的综合性主题。

我们修订了所有PBE案例研究的细节，将相关的组织案例扩充至15000字，以期真实准确地阐明它们的近况，并及时修订案例，以回应人们针对这些组织的任何质疑。本书阐述的所有商业案例、体育组织案例（除温哥华巨人冰球队以外），以及其中的一个教育机构案例——伦敦陶尔哈姆莱茨教育当局——均来源于长久以来，我们针对绩效远超预期的组织所开展的极为细致深入的个案研究。在研究报告原稿中，记载了我们研究这些案例的原始记录。[1]

在分析18个原始PBE案例的过程中，我们构建了一个涵盖15种要素的分析框架，其中暂时用F要素解释PBE。[2]每种要素都有多个案例相支撑，且至少每三个接受过调研的组织中就有一个组织会成为（本项目的）研究案例。我们也采用跨个案分析法检验F要素，通过对比不同的数据集来提高解释的效力。

随着项目的推进，我们开始考虑如何让更广泛的受众了解这个特定的研究项目。我们清楚地意识到，我们需要在现有体育项目，如板球、足球、曲棍球和橄榄球之外，再额外增加一项北美的运动项目案例。因此，2001年我们又去现场考察了温哥华巨人冰球队，并随后将其作为一个团队研究案例。对于项目最初研究过的案例，我们又自筹资金，采用了同样的方法以及访谈协议、伦理审查程序来研究这些PBE组织样本。

---

[1] A.Hargreaves and A.Harris, Performance Beyond Expectations, Nottingham, England:NCSL,2011.

[2] 同上，45页。

此外，还需要扩大受众群体，不能光有英国的案例样本，还需要进一步扩充教育案例的范围（最初样本的地理参数是由我们的投资者所设定的）。出于这个原因，我们又采用同样的调研方案和方法，分析了另外两个案例，一个是自筹资金建立起来的美国加利福尼亚教师协会，另一个是新加坡教育系统，其提供基金在新加坡国立教育学院设立了客座教授职位。[1]2011年我们研究了上述新增案例。

为实现本书的撰写目的，在集中精力研究组织的高绩效和成功转型的过程中，我们也从之前同期开展的各项研究工作中吸取经验。我们探讨了绩效卓越的法国教育系统，为此借鉴了各种资料，其中包括2007年安迪·哈格里夫斯与比阿特里斯·庞特、盖博·哈拉茨共同开展的案例研究。他们迎合经济合作与发展组织（OECD）的需要，研究了芬兰的领导模式以及这种模式与本国出色的教育业绩之间的关系。[2]

2009—2012年，安迪·哈格里夫斯与亨利·布朗的二期研究项目——地区特殊教育系统改革方案，提出了人们熟知的“部分人必要，所有人受益（Essential for Some，Good for All）”方案，借助这一研究成果，我们简要地分析了安大略省、加拿大的教育改革战略。这个项目得到了安大略省教育委员会（相当于美国学校的总监）的资金资助，考察了安大略省七十二所学校董事会中的十个校董的改革战略实施情况。项目研究方法和调查结果的细节都呈现在最终的项目报告中。[3]

---

❶ 2011年，安迪·哈格里夫斯受聘为新加坡国家教育学院的访问教授。

❷ A.Hargreaves, G.Halász, B.Pont, The Finnish Approach to System Leadership, in Improving School Leadership, Vol. 2: Case studies on System Leadership, ed.B.Pont, D.Nusche, D.Hopkins, Paris: OECD, 2008: 69-109.

❸ A.Hargreaves and H.Braun, Leading for All:A Research Report of the Development,Design, Implementation and Impact of Ontario's "Essential for Some, Good for All" Initiative, Ontario: Council of Ontario Directors of Education,2012.

最后，为了补充说明伦敦陶尔哈姆莱茨区的研究成果，我们也增加了一些资料，其源自2002 ~ 2012年期间艾伦·鲍伊尔和萨利·汉弗莱斯自筹经费，在哈克尼区开展的一项研究“学习信任”组织的项目资料。10年间，伦敦的哈克尼区在教育领域实现了一次重大转折。为了找出原因，研究团队采访了36位在那10年间从事过教育工作的各界人士，上至国家教育大臣，下至学校里的一线教员。受访者会被问及他们从事哈克尼区教育工作的相关问题；10年间哈克尼区在各类考试和测验中，学生成绩显著提升的原因；以及一家积极推进变革，被称作“ 学习信任”的私人非营利性组织的角色和作用。

研究团队记录了所有的谈话内容，随后再进行编辑和分析。我们采用一种三角测量技术——交叉比对多个数据源，从搜集或查阅数据者的角度全方位考虑问题——针对我们在最终的系列调查结果中提及的，已达成共识的十个特征来确定具体的关键性问题。[1]

我们结合多个研究项目的关键要素，详细对照和比较了不同案例之间的差异。最终，我们简化了分析框架，将最初PBE报告中提及的15个要素凝练成构建提升性领导力的6个要素。这6个要素构成了本书的核心章节。在本书的最后部分，我们添加了一些新案例，这些新案例源自对已发表的二手资料的研究整理，它们为阐述提升性领导力的理念提供了更多的事实依据。

---

[1] 参见A.Boyle, S.Humphreys, A Revolution in a Decade: Ten out of Ten, London: Leanna-ta,2012.

# 致谢

令人振奋的领导关系的观念不是凭空想象，或随口说出来的。本书的数据资料源自持续多年的广泛性研究，其中涵盖来自不同组织的大数据集，许多人都为此做出了不可估量的贡献。

非常感谢史蒂夫·芒比（Steve Munby）和苏·威廉森（Sue Williamson）——他们致力于识别和传播提升性领导力思想（这是我们自己的梦想），也投身于他们所领导的组织，即国家学校领导学院（National College for School Leadership）和英国专业学校与院校信托（Specialist Schools and Academies Trust），这些组织为多项研究工作提供资金支持。

特别感谢在参观公司、体育组织和教育系统的过程中所遇到的300多位提升性领导者，他们的言行激励着我们，他们愿意与我们坦诚交谈，并在我们的参观访问期间投入了大量宝贵的时间和精力。

值得庆幸的是，我们能与来自全世界各行各业，极为了不起的研究学者和研究团队共同合作研究该项目，并在本书中首次提出相关观点。本书首次对远超预期的执行力问题展开研究，波士顿大学的安迪·哈格里夫斯和伦敦教育学院的阿尔玛·哈里斯是该项目的负责人，波士顿大学#5001068基金为此提供了资金支持。项目组成员有艾伦·鲍伊尔（Alan Boyle）、米歇尔·德·拉·罗萨（Michelle De La Rosa）、凯瑟琳·根特（Kathryn Ghent）、珍妮特·古德尔（Janet Goodall）、亚历克斯·古恩（Alex Gurn）、高里·斯通·约翰逊（Corrie Stone Johnson）、萝莉·麦克温（Lori

McEwen）。随后加入这项研究工作的有来自加州教师协会的合作研究者丹尼斯·雪莉、来自新加坡教育体系的合作研究者黄博智老师，以及温哥华巨人队的亚历克斯·古恩。

我们首次搜集并分析了安大略省教育系统的相关数据，用于评论该省独特的教育战略——“部分人必要，所有人受益”方案。安迪·哈格里夫斯（Andy Hargreaves）和亨利·布朗（Henry Braun）共同负责审核。研究团队的成员有劳伦·查普曼（Lauren Chapman）、莫林·休斯（Maureen Hughes）、凯伦·拉姆（Karen Lam）、贝丝·摩根（Beth Morgan）、凯瑟琳·萨利斯（Kathryn Sallis）、亚当·斯坦纳（Adam Steiner）、麦特·韦尔奇（Matt Welch）和郁金·李（Yu Jin Lee）。该项目由加拿大安大略省教育委员会提供资金支持。

10年间的一场革命：完美收官——哈克尼区“学习信任”工作的长期回顾——艾伦·鲍伊尔（Alan Boyle）和萨利·汉弗莱斯（Salli Humphreys）负责该项目，由黎安塔教育协会（leannta education Associates）提供基金支持。

在完成书稿的最后阶段，布拉德·克什纳（Brad Kershner）、梅雷迪思·摩尔（Meredith Moore）、亚当·斯坦纳（Adam Steiner）和卢克·雷诺兹（Luke Reynolds）凭借大量的事实依据，对书稿进行了终审。克里斯蒂·泰勒（Kristie Thayer）克服重重困难（包括克服暴风雪的阻碍），设法搜集到了加州的许多数据信息。伊丽莎白·考克斯（Elizabeth Cox）对美国历史上提升的社会和文化渊源展开了深入的基础性研究。约塞巴斯出版社（Jossey-Bass）的编辑团队——包括资深编辑凯伦·墨菲（Karen Murphy）、助理编辑约翰·马斯（John Maas）、项目编辑克莉丝汀·摩尔（Christine

Moore）、高级制作编辑马克 · 卡麦迪（Mark Karmendy）和技术编辑唐纳 · J. 温森（Donna J.Weinson）——他们技术纯熟，全身心投入书稿的出版工作，尽其所能以最佳方式清晰地阐明我们的观点。他们夜以继日地工作，以确保所有必要的编撰工作顺利完成。最终，我们才得以赶在最后期限之前出版此书。